Der Mensch der Vorzeit

AF670963

Wilhelm Bölsche studierte Philosophie, Kunstgeschichte und Archäologie an der Universität Bonn. Er gilt als der Schöpfer des modernen Sachbuchs. In Dutzenden von Büchern und Bändchen popularisierte der Freidenker, Monist und Evolutionär das Wissen seiner Zeit.

Über das Buch:

Höhlenmalereien und Knochenfunde erinnern uns an eine große wahre Geschichte, die zu den anregendsten Abenteuern unserer modernen Kulturwissenschaft gehört: nämlich an den geschichtlichen Anfang unserer menschlichen Kultur selbst. Die Menschheit als Ganzes, die wir heute nicht mehr als ein übernatürliches Ding auffassen, sondern als Ergebnis natürlicher Entwicklung kennengelernt haben, — diese Menschheit ist vor geraumen Zeiten einmal selber in einer ganz ähnlichen Lage wie Robinson gewesen. Auch sie war auf ihre Erde gleichsam als auf eine wüste Insel gestellt, und alles, was wir heute an Kulturmitteln besitzen, sollte sie erst aus der harten Furche stampfen.

Diesen geschichtlichen Anfang unserer menschlichen Kultur erzählt uns der Sachbuchautor Bölsche in dem lesenswerten Buch mit dem Titel *Der Mensch der Vorzeit.*

Der Mensch der Vorzeit

Die Geschichte des Menschen im Diluvium-kurz und prägnant

Von

Wilhelm Bölsche

Mit zahlreichen Abbildungen

Neusatz der 15. Auflage

Die Rote Edition Bd. 34

FSC
www.fsc.org
MIX
Papier aus verantwortungsvollen Quellen
Paper from responsible sources
FSC® C105338

Bibliografische Information der Deutschen Nationalbibliothek:
Die Deutsche Nationalbibliothek verzeichnet diese Publikation in der Deutschen Nationalbibliografie; detaillierte bibliografische Daten sind im Internet über dnb.dnb.de abrufbar

© 2021, Wilhelm Bölsche

Herstellung und Verlag: BoD – Books on Demand, Norderstedt

ISBN: 978-3-7543-4255-8

Wir alle kennen die Geschichte von Robinson. Mit atemloser Spannung sind wir in jungen Jahren den wunderbaren Abenteuern dieses einzigartigen Helden gefolgt, dessen Schicksal darin bestand, daß er, ohne alle Kulturmittel auf eine einsame Insel im Weltmeer verschlagen, gleichsam als „erster Mensch" die Grundlagen dieser Kultur sich selbsttätig neu schaffen mußte. Wir sind ihm gefolgt, wie er sich das erste Messer, den ersten Spaten und Pflug wieder ersann und verfertigte, wie er sich mühte, zum erstenmal wieder künstlich Feuer zu entzünden, wie er sich ein Obdach schuf und ein Boot aus einem Baumstamm höhlte; bis er dann endlich einen zweiten Menschen fand, zwar einen nackten Wilden zunächst, der ihm aber bald Helfer und Freund wurde.

Diese Geschichte Robinsons ist ursprünglich kein Kinderbuch gewesen. Erwachsene, reife Menschen haben sich vielfach mit ihr beschäftigt und sind von ihr zu mancherlei Nachdenken angeregt worden. Jedem von uns ist die Stimmung wohl einmal gekommen, wo er unsere ganze so glänzende Kultur als eine gewisse Bürde empfindet. Er möchte gleichsam aus ihrer Haut fahren, um seine Nerven wieder gesund zn machen. Aus solcher Empfindung heraus erschien Robinson wie ein Glücklicher, der alles einmal wieder hatte verlieren dürfen, tun mit frischer Kraft vom ursprünglichen Naturgrunde aus das Ganze resolut sich selber wieder aufzubauen. Als dichterisches Bild mag das auch sehr hübsch wirken. Indessen liegt ihm doch ein Irrtum zugrunde. Wenn ein gewisses Raffinement und eine überflüssige Nervenbelastung in unserer Kultur uns gelegentlich verstimmen und müde machen, so ist es doch nur der Fortschritt dieser Kultur selbst, der uns tatsächlich helfen kann. Eine gewisse vernünftige Selbstregulierung wird die Schäden heben, nicht ein Bankrott der ganzen Kultur mit allen Nöten des Wiederanfangens. Wir lächeln über den Philosophen, der die Welt erlöst zu haben glaubt, wenn er sich selber wieder seine Schuhe sohlt; und so können wir auch in Robinson, der noch einmal all seinen Verstand darauf konzentrieren muß, wie man Feuer anmacht, nicht den Idealmenschen der Zukunft sehen.

Aber der „Fall Robinson" hat gleichwohl noch eine andere Seite, die ihn gerade für uns heute auch durchaus wert macht, daß der Erwachsene ihn noch einmal beachtet. Er erinnert uns an eine größere wirkliche Geschichte, die zu den anregendsten Abenteuern unserer modernen Kulturwissenschaft gehört: nämlich an den geschichtlichen Anfang unserer menschlichen Kultur selbst. Die Menschheit als Ganzes, die wir heute nicht mehr als ein übernatürliches Ding auffassen, sondern als Ergebnis natürlicher Entwicklung kennen gelernt haben, — diese Menschheit ist vor geraumen Zeiten einmal selber in einer ganz ähnlichen Lage wie Robinson gewesen. Auch sie war auf ihre Erde gleichsam als auf eine wüste Insel gestellt, und alles, was wir heute an Kulturmitteln besitzen, sollte sie erst aus der harten Furche stampfen. Hier gewinnt nun die Geschichte Robinsons einen tiefen symbolischen Wert. Sie kann uns gewisse Züge geben, die für jenes große alte Bild selbst bedeutsam sein müssen.

Allerdings sind die Karten ja nicht völlig gleich. Robinson kommt schon aus einer hohen Kultur, bringt vielerlei Erinnerungen an sie mit; der echte Urmensch sollte auch in diesem Sinne alles erst vor sich haben. Indessen ist Robinson doch darin sehr gut gezeichnet, daß er zwar inmitten üppiger Kultur aufgewachsen ist, aber gerade von den einfachsten Kulturgrundlagen, um die es sich zunächst handelt, so gut wie gar keine Ahnung mehr hat. Er weiß nicht, wie man ohne komplizierte Hilfsmittel Feuer macht, er weiß nicht, wie ein irdener Topf hergestellt wird, oder wie man ein Kleidungsstück selber ersetzt: alles muß er sich selbsttätig neu erfinden, obwohl er bereits Kulturkind ist. Wie vielen von uns, die gelehrte Examina bestanden haben, würde es genau so ergehen! Und so decken sich die Dinge also doch wieder fast vollkommen.

Beachten wir aber, wie unser Robinson sogleich in dieser seiner Lage verfährt. Er ist auf einer Insel, wo sich außer ihm nur Mineralien, Pflanzen und Tiere befinden, aber niemand seinesgleichen. Im ersten Moment ist er ja in seinen Eigenschaften ganz ähnlich daran wie jene. Wie ein Mineral folgt er dem Gesetz der Schwere: nach ihm ist er nach dem Schiffbruch von der Sturzwelle am User zurückgelassen worden. Gleich Tier und Pflanze bedarf er der Nahrung, wie ein Tier muß er Versteck oder Waffe haben. Wenn wir uns ein Kaninchen, ein Schwein, einen Wolf so als Gestrandete dächten, so würde das Kaninchen alsbald sich ein Loch als Obdach im Erdreich mit den Pfoten auszuscharren beginnen, das Schwein würde mit dem Rüssel Wurzeln aufwühlen, der hungrige Wolf würde mit fletschendem Gebiß als Angriffswaffe auf die Jagd gehen. Bei dem Menschen sehen wir ganz ähnliche Wünsche, aber sogleich auch gewahren wir einen ganz besonderen Zwischenweg, den er zu ihrer Erfüllung einschlägt, — den nur er so einschlägt. Er sucht sich ein Werkzeug.

Es ist geradezu selbstverständlich, daß er sich zu allererst einen derben Knüppel abbricht als Stock zur notdürftigsten Wehr, daß er einen handlichen Stein aufgreift, um ihn gegen einen Angreifer zu schleudern. Er wird Wahl üben beim Aufnehmen solcher Steine. Ein besonders handlicher und zugleich scharfspitziger wird ihm Dolch und Messer sein. Mit ihm wird er auch die Wurzel ausgraben, die ihm als Nahrung erwünscht ist. Warum aber wohl geht er gerade diesen Weg?

Zunächst gewahren wir da einen äußerlichen Grund. Sein Menschenkörper ist in gewissem Sinne viel schlechter eingerichtet als etwa der bei den eben genannten Tieren. Sein Gebiß hat nichts von der scharfen Wehr des Wolfes, seine Füße besitzen nicht die Kraft des Scharrens wie die des Kaninchens. Auf der andern Seite ist aber seine Hand wie geschaffen, fremde Gegenstände zu packen und zweckmäßig zu bewegen, also „Werkzeuge" zu führen. In dem Sinne, wie Wolf oder Kaninchen ihre Organe verwerten, könnte man sich denken, daß er mit dieser Hand bloß kletterte gleich einem Affen. Aber solchem Kletterleben steht wieder sein Fuß entgegen. Dieser Fuß ist ein Gehfuß, obwohl selber wieder im Vergleich etwa zu dem Huf eines Pferdes ein ziemlich mittelmäßiger. Als Packer und Halter von Wurfsteinen, Steinmessern hat dagegen jene Hand einen wahrhaft universalen Sinn, der alle jene Mängel vergessen macht.

Aber wer gibt ihr nun das Werkzeug, wer läßt sie es sachgerecht verwenden? Hinter der äußeren Hand steht das noch viel wichtigere innere Organ des Gehirns. Das große Menschengehirn in diesem Falle, das bestimmte Schlüsse zu ziehen weiß, mit einer bestimmten Logik arbeitet, das gewisse Zwecke und Folgeriungen zu überschauen vermag. Es zieht den Schluß vom Stein, von der Keule, daß man sie so und so verwerten kann, und es sucht sich den Stein auf dem Zweck hin als Messer, als Grabschaufel, als Hebel ans, wählt den brauchbarsten für den Zweck unter vielen. Sobald es gemerkt hat, daß etwa eine bestimmte Steinsorte unter vielen besonders zweckentsprechend ist, wird es gerade auf diese immer wieder fahnden, den Menschen ihr eventuell weit nachgehen oder ihn sich da, wo sie häufig ist, geradezu ansiedeln lassen.

Nun muß allerdings gesagt werden: bloß so weit betrachtet, erhebt sich Robinsons Tun noch nicht absolut über das, was doch wenigstens gewisse Tiere auch schon gelegentlich leisten. Auch der Affe hat eine höchst menschenähnliche Hand, und er besitzt auch ein recht hoch entwickeltes Gehirn. Es ist sicher festgestellt, daß auch bei Affen das Kombinationsvermögen dieses Gehirns unter Umständen so weit geht, daß sie sich mit keulenhaft in der Hand gefaßten Ästen verteidigen, Steine auf ihre Angreifer herabrollen und sogar gelegentlich einen Stein oder Ast völlig werkzeughaft als Hebel benutzen. Man könnte sagen, daß der Mensch bloß regelmäßig und gleichsam von Hauptberuf täte, was der Affe nur ab und zu einmal als Notbehelf macht, wobei bestimmend sein möchte, daß der Mensch weder den Schutz des Kletterers im Affensinne genießt noch die Waffe der großen scharfen Eckzähne des Affengebisses besitzt, also notgezwungen mit seinen andern Mitteln genauer rechnen muß. Indessen kann uns bei einer Vergleichung doch auch wieder nicht entgehen, daß das Gehirn des Menschen verwickelter und leistungsfähiger gebaut erscheint als das auch der höchsten Affen. Es ist es nicht etwa in dem Sinne, daß es nun ganz herausfiele aus der schon dort vorhandenen Grundanlage: in allen wesentlichen Zügen seines Baues ist es durchaus auch nur ein allerdings sehr hoch verfeinertes und verstärktes Tiergehirn. Jedenfalls aber ist es so groß; und stark im Verhältnis, das; wir uns wohl denken dürften, es werde in jener Werkzeuglinie noch einiges weiter vom Menschen geleistet werden, zu dem dann doch der Vergleich mit dem Affen nicht mehr langte.

Nun ist aber klar, daß Robinson bei seiner Herstellung einfachster Werkzeuge alsbald noch einen zweiten Schritt wirklich macht. Er sucht sich nicht nur Steine und Äste, wie die Natur sie ihm darbietet, als Waffen und Werkzeuge, sondern er beginnt sie auch zum Zweck selber zu bearbeiten und u m z u f o r m e n.

Er zerschlägt Steine aneinander, um so möglichst scharfe Ränder zu bekommen, die ihm als Messerschneide dienen können. Er schnitzelt an dem Naturast mit solchem Steinmesser bessernd herum zum Zweck einer wirklich handgerechten Keule. Er befestigt eine Steinspitze auf einem Ast und erzielt so aus beiden Materialien eine höchst wirksam vereinigte Waffe: den Speer. Deutlich ist zn sehen, daß diese Handlungen verwickelteren Kombinationen des Gehirns entspringen. Es wird nicht nur der zufällig gegebene Naturstein mit dem Zweck als Waffe, als Werkzeug kombiniert, sondern es wird auch noch in den gegebenen Stein ein neuer, noch zweckmäßigerer gleichsam hineingesehen, es wird durch künstliche Bearbeitung einer aus ihm herausgelockt. Bei der Schöpfung des Speers wird aus zwei gegebenen Naturmitteln ein neues drittes, bis dahin in der Natur noch nicht vorhandenes Mittel zum Zweck geschaffen. Es gibt nun allerdings auch im Tierreich noch Fälle, wo gegebene Naturmaterialien zn bestimmten Zwecken selbsttätig etwas umgeformt werden, z. B. wenn der Biber bei seinen berühmten Dammbauten Baumstämme zu regelrechten, spitz zulaufenden Palisaden umnagt. Aber gerade in jenem höchsten, eben erwähnten Beispiel von schon wirklich menschenähnlicher Werkzeugbenutzung bei den Affen, wo die Hand bereits gegeben ist, das Gehirn schon sehr hoch entwickelt erscheint, und unmittelbar einsetzende persönliche Verstandeskombinationen oft und unzweideutig sichtbar werden, ist bisher doch noch nie eine solche echte Werkzeugverbesserung beobachtet worden. Noch nie hat einer gesehen, wie ein Affe einen Stein mit einem andern zurechtschlug, daß er ein Messer ergebe, wie er einen Holzast mit einem Stein zurechtschnitzte oder gar, wie er aus Ast und Stein einen Speer anfertigte.

Nun vollends aber sehen wir Robinson im einfachen Verfolg dieses Weges bald zu Dingen übergehen, von denen mit absoluter Sicherheit jetzt behauptet werden kann, daß sie von keinem Tier jemals irgendwo erreicht worden sind. Indem Robinson Steine mit Steinen spaltet, Holz reibt und schabt, gerät er ganz von selber auf sprühende Funken und glimmendes Holzmehl. Neue Gehirnkombinationen führen ihn auf die außerordentliche Wichtigkeit dieser Möglichkeit einer künstlichen Feuererzeugung und im weiteren dann auf unmittelbare, dauernd zugängliche Werkzeugmittel und Methoden nach dieser Seite. Die künstliche Herdflamme selbst wird eines seiner glänzendsten Werkzeuge, ein so unvergleichlich wichtiges fortan, daß man wohl sagen kann: mit ihm hat er sich erst zur ganzen Grundstaffel aller oberen Kultur wieder erhoben. Man bedenke, was diese künstliche Flamme bedeutet als Wärme, als Licht, als Möglichkeit des Bratens, Kochens, Röstens, man erinnere sich, daß zuletzt an ihr alle Töpferei, ja im Keim schon alle Verwertung der Metalle zu künstlichem Guß hängt.

Ich will dabei nebenher bemerken, daß in den vielen und zum Teil recht mangelhaften Nacherzählungen der Robinsongeschichte für die Jugend die Reihenfolge und Art dieser Zurückeroberung der einzelnen Urkulturstufen nicht überall eben die logisch beste und richtigste zu sein pflegt; es wäre zu wünschen, daß gerade für unsere Zeit einmal einer den Hergang möglichst in unserm Sinne symbolisch korrekt wieder neu aufbaute.

Robinson wird aber nicht immer bloß der rohen Notarbeit des Daseinskampfes hingegeben sein. Nachdem er mit dem Schwersten glücklich fertig geworden, kommen auch ihm, dem harten Pionier der Einsamkeit, gelegentliche unausgefüllte Stunden der Ruhe und Muße. Und hier wird sich abermals etwas eigenartig Menschliches bei ihm geltend machen.

Er wird sich selbst mit seinen bescheidenen Mitteln etwas Schmuck und Zier des Lebens verschaffen. Sein mühsam errungenes Obdach, und sei es selbst nur eine natürliche Höhle im Kalkfels, wird er gelegentlich mit ein paar bunten Blüten des Waldes verschönern. Noch ist auch das wieder nichts, was er durchaus vor dem Tiere voraus hätte. Auch die Lauben-vögel des australischen Busches schmücken ihre sogenannten Hochzeitslauben, die sie sich zur Liebeszeit errichten, mit allerlei hübschen, farbigen Luxusdingen: glänzenden Steinchen, blauen Beeren und grellroten Blumen. Aber auch hier geht Robinson weiter, indem er seinen Besitz des Werkzeuges mit der einfachen Freude am Schönen verbindet. In den Naturstock, den er sich vom Busch gebrochen, schnitzelt er mit seinem Steinmesser durch Abschaben gewisser Rindenteile hübsche Ornamente ein. Einem Stück Hirschhorn, das er als Messergriff aufgelesen, sucht er eine Gestalt zu geben, daß es wie ein Tierkopf aussieht. Wenn ein wenig Zeichengabe in ihm ist, so wird er mit einem Stück Holzkohle oder Rötel auf flache Steine allerlei skizzieren zum Zeitvertreib. Diese Anläufe zur Skulptur, zur Malerei sind Dinge, die abermals kein Affe je fertig gebracht hat. Auch wird Robinson sich eine Melodie pfeifen; das kann auch der Vogel; aber er wird, wieder etwas Besonderes, mit Hilfe des Werkzeuges sich eine rohe Flöte Herstellen. Diese Züge des „Künstlers" werden in den gangbaren Robinsonaden oft ganz vergessen, und doch ist es selbst bei einem Durchschnittsmenschen der gewiß seltenere Fall, daß er nicht etwas Freude an Musik und wenigstens ein beschränktes Zeichentalent haben sollte.

Ganz gewiß aber auch wird ihn die Einsamkeit, wird ihn die ganze Lage seines Schicksals in solchen Stunden zu etwas bringen, was schwerlich auch das erfahrenste Tier sich je erworben hat: er wird über ernste Fragen des allgemeinen Daseins nachdenken, über Gott und Welt. Schauerlich und doch auch wieder tröstend wird diese tiefere Bewußtheit, die den Grundstein aller Religion und aller Philosophie von je gebildet hat, ihn überkommen. Auf diesen Zug der Vertiefung haben von jeher alle Robinsonaden Gewicht gelegt, und er tritt auch in den gelegentlichen wahren Geschichten, die den Romanen zugrunde liegen, deutlich hervor.

Allerdings wird es scheinen, als seien gerade diese letzten Züge doch sehr ausgesprochen nur solche des schon hoch entwickelten Kulturmenschen, als der doch Robinson eigentlich auch gedacht ist; die symbolische Beziehung zn dem wirklich anfänglichen, urtümlichen Menschen im Beginn aller Kultur scheint dagegen hier zu versagen. Nunmehr wird aber die andere Gestalt bedeutsam, die doch auch schon in der ältesten Robinsonerzählung so geschickt zur Abrundung des Bildes neben den Kulturmenschen Robinson gestellt wurde: der nackte Naturmensch Freitag. Freitag gehört einem Menschenstamm an, der heute noch auf einer verhältnismäßig sehr, sehr niedrigen Kulturstufe verharrt. Während aus gewissen Gebieten der Erde der Mensch zu einer fast schwindelnden Höhe des Kulturbesitzes aufgestiegen ist, sind diese Stämme durch besondere Schicksalsfügung auf einer bestimmten Stufe weit unter jenem Gipfel bis heute mehr oder minder starr stehengeblieben. Es wiederholt sich da nur eine Erscheinung, die wir auch im Tier- und Pflanzenreich allenthalben beobachten können, und auf Grund deren wir allein ein so mannigfaltiges Bild der Gestalten dort sehen: neben den höchst entwickelten Spitzen Pflegen, wenigstens geraume Zeit, eine Menge niederer Sprossen noch selbständig fortzubestehen. Zuletzt allerdings wird doch das Emporgestiegene das unten Stehengebliebene so überschatten, daß letzteres erliegt; wie denn über kurz oder lang die noch vorhandenen echten Naturvölker, die „Wilden", auch bei uns der Kultur erliegen müssen. Als der Robinson zuerst geschrieben wurde, wußte man noch nicht, daß gerade im Herzen des Erdteils, an dessen Inselküste die Legende das Robinsoneiland verlegt, nämlich im tropischen Innern Südamerikas, solche Naturvölker im fast denkbar primitivsten Zustande jetzt noch existieren. Noch besser wäre höchstens für den symbolischen Sinn, wenn die Geschichte zunächst auf dem Festland von Australien spielte, so daß Freitag ein Australschwarzer sein könnte.

Beachten wir aber nun wieder, unter welchen Voraussetzungen ein Zusammenleben und schließlich wirkliches ersprießliches Zusammenarbeiten dieser beiden scheinbar so enorm verschiedenen Menschen, des Kulturjüngers Robinson und des nackten Wilden Freitag, logisch doch möglich wird. So seltsam es klingen mag: unter all jenen bisher erwähnten „Wiedereroberungen" Robinsons an Kulturinhalt ist tatsächlich doch keine einzige, die nicht Freitag auch bereits besäße. Auch er hat Menschenhand, Menschenhirn und Werkzeug, letzteres bis zu der Höhe, daß er nicht bloß Naturmaterial sich aussucht, sondern auch so, daß er es bereits zu bearbeiten weiß; auch die künstliche Feuererzeugung ist ihm längst geläufig, wenn auch natürlich die weitere Perspektive, die dieses Feuer gibt, bei ihm so wenig erfüllt ist, wie augenblicklich bei Robinson selbst ; jene erwähnten Naturvölker Brasiliens zum Beispiel entbehrten, als sie in unsern Tagen entdeckt wurden, noch absolut jeder Metall-Technik. Amüsant und vollkommen richtig ist, wie Freitag in manchen jener primitiven Leistungen, beispielsweise beim Erzeugen von Feuer durch Reiben und Bohren von Hölzern, seinem Robinson sogar weit überlegen ist: er kommt hier sozusagen noch heute von der frischen Quelle.

Gerade Freitag ist aber auch „Kunstfreund". Er weiß mit einfachsten Mitteln Musik zu machen und zu tanzen. Er schmückt sich wie ein Kind mit Blumen. Er schnitzt an allen Werkzeugen, Pfosten und Töpfen unermüdlich herum, hat eine auffällige Liebe für grelle Ornamente und Farben und ein alteingelerntes Geschick, solche selber rings um sich her zu verbreiten. Wenn sein Herr ihn nach dem Aussehen eines Jagdtiers fragt, weiß er es wohl erkennbar in den Sand zu zeichnen. Ja, wenn er schon unter seinesgleichen nach dieser Seite etwas talentiert war, so verfertigt er wohl gar Skizzen von überraschender Naturtreue. Freitag kann aber auch höchst ernst sein. Sein Kopf ist voll von Sagen und mythologischen Vorstellungen seines Volkes. Himmel und Erde wimmeln in seiner Phantasie von Geistern. Er hat eine Legende, wie die Welt entstanden ist. Kaum daß ihm des Leibes Sorge so wichtig erscheint, wie das beständige Bemühen um Versöhnung und Beeinflussung geheimnisvoller Gewalten, die seine primitive Philosophie als Leiter des wechselvollen Weltgeschehens ergrübelt zu haben glaubt. Beides: der Sinn für Kunst und der Sinn für geradezu uferloses Spintisieren über die Weltschicksale, wie es sich in weiten Mythologien verkörpert, stellt im Leben auch des denkbar „wildesten" Naturmenschen von heute in der Tat bereits ein wahres Grundelement dar. Museen lassen sich füllen mit den Kunsterzeugnissen solcher Wilden, viele Bände mit dem Nacherzählen ihrer Mythen, die sie sich ausgeheckt.

Daß aber Robinson und Freitag sich gesellig so anfreunden können, wie es die Geschichte will, und wie es durchaus nichts Irgendwie Unwahrscheinliches hat, das beruht nochmals wieder auf zwei grundsätzlichen Menscheneigenschaften, die sie beide bereits besitzen, von denen wir aber bisher nicht sprechen konnten, da wir nicht von mehreren gesellig lebenden Menschen, sondern zunächst nur von dem Einsiedler Robinson redeten. Dieses Einsiedlertum, so nötig es sein mag, um die ganze Geschichte in Gang zu bringen, ist an sich doch ein symbolisch wirklich falscher Zug, denn von Urbeginn an ist der Mensch tatsächlich ein vielköpfiges, ein geselliges Wesen gewesen. Für diese Geselligkeit aber war entscheidend, was jetzt auch zwischen den beiden hier nach wie vor die große Brücke schlägt. Der Kulturmensch Robinson sowohl wie der Naturmensch Freitag, beide sind im Besitz gewisser einfachster, aber grundlegender ethischer Gefühle. Robinson hat aus Mitleid Freitag errettet, und Freitag ist ihm dankbar dafür. Es entwickelt sich bei ihnen eine Freundschaft, begründet auf einer gewissen gegenseitigen Garantie der Treue. Diese Gefühle der Dankbarkeit, der Vertragstreue sind bei dem rohesten Wilden von heute bereits ebensogut entwickelt wie bei dem höchsten Kulturmenschen. Sie bilden die Grundlage von Moral und Recht und damit die Basis alles menschlichen Genossenschaftslebens. Wunder kann es uns um so weniger nehmen, daß sie Freitag wie Robinson schon eigen sind, denn wir treffen sie bereits bei dem Tier; der Hund achtet, solange er normal ist, den Vertrag mit seinem Herrn und bewährt mit einer eisernen Konsequenz die Dankbarkeit. In der Linie des Mitleids und der Menschenachtung im weiteren Sinne mag ja Robinson etwas vorgeschrittener sein als Freitag; so verwirft er streng den Kannibalismus, dem Freitag zwar als Opfer gerne entgeht, den er aber prinzipiell nicht ablehnen mag. Doch muß selbst da gesagt werden, daß durchaus nicht alle urtümlich wilden Völker von heute Menschenfresser sind, während umgekehrt auch unsere höchste Kultur keineswegs bereits ganz frei ist von den Schlacken einzelner böser Widersprüche zu ihrem eigenen Ideal der vollkommenen Menschenachtung.

Zweitens aber besitzen Robinson sowohl wie Freitag das ungeheure äußere Hilfsmittel zur sozialen Verständigung: die Sprache. Mag sie zunächst bei ihnen verschiedene Worte haben, so ist das doch kein Dauerhemmnis: sie läßt sich aus den gemeinsamen Anschauungsobjekten heraus leicht durch einseitiges oder beiderseitiges Umlernen vereinheitlichen. Daß sie aber überhaupt da ist, das ist durchaus wieder grundlegender Menschenbesitz dort wie hier. Anfänge gehen auch in diesem Falle bis zum Tier. Aber die spezifische menschliche Begriffssprache, wie sie doch bereits allen Wilden von heute uralt-eigener Besitz ist, ragt diesmal wieder einmal turmhoch über alles Tierische auch bereits hinaus, sie ist ganz offenbar eine der Möglichkeiten erst jenes Stückes Gehirn mehr, das der Mensch bis zum rohesten Australier herab eben vor dem höchsten Affen voraus hat.

Alles in allem genommen, ist es doch frappant, wie nah sich auf ihrer Insel Robinson und Freitag sind. Die Geschichte erzählt uns denn auch, daß es Robinson geglückt sei, im Laufe eines einzigen Menschenalters seinen Freitag zu einem vollkommenen Kulturmenschen heraufzuerziehen, so daß in allen Lebensäußerungen der Unterschied schließlich überhaupt fiel. In Kampes etwas nüchterner Bearbeitung sehen wir die beiden zuletzt einträchtiglich inmitten der Kulturstadt Hamburg eine Tischlerwerkstatt leiten. Einer unserer kenntnisreichsten und kritischsten Anthropologen von heute, Klaatsch, hat von einem echten Australschwarzen von heute berichtet, der als halbjähriges Kind in eine englische Familie zu Sidney ausgenommen worden war und sich im Laufe von zwanzig Jahren so vollkommen zur Kulturbildung eines modernen Engländers heraufentwickelt hatte, daß jedes Gespräch über höchste Fragen unserer europäischen Bildung mit ihm glatt möglich war. Mag es sich um einen günstigen individuellen Fall handeln, so genügt er doch, einwandfrei beobachtet, vollkommen für die Bejahung der allgemeinen Möglichkeit.

Dabei muß aber besonders noch interessieren, daß ein solcher urtümlicher Australschwarzer in seinem Körperbau noch mit ganz bestimmten Merkmalen unverkennbar ein Stück weit von einem Kultureuropäer von heute abweicht. Sein Skelett, vor allein sein Schädel zeigen Eigenarten, die wenigstens noch leichte Annäherungen an niedere, tierische, affenhafte Organisation verraten. Gleichwohl muß sein Gehirn aber auch in einem so gebauten Schädel jene sozusagen universale Höhe, wenigstens der Anlage nach, bereits erreicht haben.

Denken wir uns zu der Geschichte Robinsons nun noch einen besonderen Schluß hinzu, den allerdings keine der bisherigen Bearbeitungen hat; aber Romanstoffe sind frei, man kann sie umdichten. Robinson und Freitag sollen zu ihren Lebzeiten niemals wieder von Kulturmenschen auf ihrer Insel aufgefunden worden sein. Sie sind zu ihrer Stunde gestorben, und die kleine Stätte ihrer Leiden und Freuden, ihres einsam tapferen Kulturtraumes im Winkel ist der Natur wieder ausgeliefert worden. Der Wald hat den Fleck wieder erobert, der Wind ihre Geräte begraben wie ihre Gebeine. Dann erst entdecken Forscher die Insel. Die alten Reste wecken ihre Aufmerksamkeit. Aus den Steinwerkzeugen, die sie da, dort aus dem Sand, aus dem Höhlenboden graben, erraten sie die Existenz von Menschen. An einer Stelle finden sie noch die ganz primitiven, kaum erst bearbeiteten Steinwaffen aus Robinsons erster Zeit. An einer anderen dagegen zeigt sich weitaus besseres Material der gesteigerten Geschicklichkeit. Holzkohle, angebrannte Knochen verraten die Benutzung bereits von Feuer. Auf einer Höhlenwand zeigt sich als rührende Reliquie noch das Gekritzel gelegentlicher Kunstübung: das wohl erkennbare Umrißbild eines Tieres. Nun finden sich auch Knochen der Menschen selbst, die hier weilten. Ein schön gebauter Schädel und ein etwas primitiverer. Aber der letztere scheint doch auch einem Träger angehört zu haben, der zu Lebzeiten schon inmitten einer gewissen menschlichen Kultur lebte. Das eine Skelett ist sorgfältig, mit ergreifender Liebe bestattet. Man ahnt Gesinnungen, denen der Tod bereits eine Anregung zum Denken war, ein Ereignis, dem das Gemüt und die Phantasie nachgingen. Daneben aber erscheinen die häßlichen Reste einer Kannibalenmahlzeit, das Werk von Freitags feindlichen Stammesgenossen. Eng beieinander scheinen hier ungeheure Gegensätze des Menschenwesens noch gewohnt zu haben.

Wann ist das alles gewesen? Die Forscher messen die Höhe der Sandschicht, die sich angesammelt hat. Sie finden in den alten Abfällen von Robinsons Küche den Knochen einer riesigen, schwerfälligen Landschildkröte, die heute auf der Insel nicht mehr lebt. Gerade das Bild einer solchen Schildkröte ist auch auf die Höhlenwand gekritzelt. Robinson und Freitag hatten diese Tiere, die sich auch mit schlichtester Waffe überwältigen ließen, schon stark dezimiert. Die letzten Exemplare haben viel später hungrige Matrosen eines Schiffes, das hier anlegte, gemetzelt. Das letztere Datum ist bekannt und gibt den Gelehrten einen Anhalt. Jene ersten menschlichen Bewohner müssen vor recht, recht langen Zeiten hier gehaust haben. . . .

Es bedarf der weiteren Ausmalung des Märchens nicht. Fast genau mit solchem Inventar und unter solchen Voraussetzungen taucht aus dem Sand- und Höhlengrabe endlos langer vollkommener Verschollenheit uns jetzt seit einigen fünfzig Jahren eine Robinsonkultur der wirklichen Menschheit ganz langsam, in ordentlich feierlichen Aktfolgen, wieder auf, die aus so grauen Tagen nachweislich stammt und sich überall so streng in ihrer Rolle hält ohne jede verdächtige

Entgleisung, daß wir hier unmöglich noch von den Werken eines wirklich durch Zufall bloß robinsonhaft noch einmal isolierten Kultursprosses reden können, sondern absolut sicher erkennen müssen: hier redet noch einmal zu uns die wirkliche Urhandlung, das große Urdrama der erst beginnenden Menschheitskultur selbst.

Versuchen wir es, eine allgemeine Mutmaßung darüber auszusprechen, wann solcher wirklicher Kulturanfang auf unserem Planeten eingesetzt haben könnte, so gibt uns unsere symbolische Legende sogleich den besten Fingerzeig, indem sie auch ihre Geschichte an zwei erste und grundlegende Voraussetzungen knüpft: die erste Existenz einer menschlichen Hand — und die erste Existenz eines auch das höchste Affengehirn noch überbietenden Gehirns. Die menschliche Hand war so lange unmöglich als Erzeugnis dieses Planeten Erde, solange nicht die fünfzehige Pfote des landbewohnenden Wirbeltiers sich entwickelt hatte. Als Anfangstermin dieser letzteren Leistung mag etwa die Steinkohlenzeit gelten. Im engeren mußte diese Hand dann die Stufe der Kletterhand des höheren Säugetiers durchgemacht haben. Die ältesten Säugetierhände dieser Art kennen wir aus dem ersten Abschnitt der Tertiärzeit, der Eozänzeit; annehmbar scheint, daß sie noch bis in die späteste Kreidezeit zurückreichen. Jedenfalls war die menschliche Hand mit dem ersten Emporstieg der Tertiärzeit „möglich".

Das menschliche Gehirn setzt in ganz genau gleichem Maße die Entwicklung des Wirbeltiergehirns bis zur Stufe des höchsten Säugetiers unter dem Menschen voraus. Unmittelbar vergleichen läßt sich mit ihm nur das Gehirn der Affen und nochmals im engeren Sinne der sogenannten Menschenaffen, wie Gibbon, Orang-Utan und Gorilla. Soweit die sehr spärlichen Reste bisher ein Bild geben, scheint auch der Werdeprozeß der Affen in jener Eozänzeit bereits in vollem Gange gewesen zu sein. Aus dem mittleren Drittel der Tertiärperiode, der Miozänzeit, besitzen wir schon die unverkennbaren Knochen echter Menschenaffen. Mit dieser Zeit würde also auch hier die letzte Voraussetzung des Menschengehirns gegeben gewesen sein, von da ab hätte es sich bilden können. Aus mancherlei Gründen wird aber wahrscheinlich, daß der Mensch diese Menschenaffen nicht erst fortgesetzt hat, sondern daß er bereits parallel zu ihnen hervorgetreten ist. Der Mensch von heute besitzt ein weit stärkeres Gehirn noch als diese höchsten Affen, dagegen ist sein Gebiß weit schwächer und entbehrt besonders der stark vorspringenden Eckzähne. Es macht aber nicht den Eindruck, als sei dieses Gebiß deshalb rückgebildet etwa erst wieder aus einem Gorillagebiß. Es wahrt vielmehr geradeso einen einfacheren, urtümlicheren Zug, wie wir ihn im Gegensatz zu stark spezialisierten Gebissen sowohl an der Wurzel aller oberen Säugetiere überhaupt wie auch enger noch wieder innerhalb der einzelnen Astverzweigungen dieses Säugetierstammbaums bei den jedesmal älteren Formen antreffen.

So besteht sehr ernstlich die Vermutung, es möchte der Mensch auch eine verhältnismäßig urtümliche Schöpfung der Stelle im Affenstamm sein, wo sich die Menschenaffen erst abzweigten. Diese Menschenaffen bildeten starke Gebißwaffen bei sich aus (vor allem vergrößerte Eckzähne), machten aber, wohl gerade deswegen, mit ihrem Gehirnteil des Schädels und diesem Gehirn selbst keine Fortschritte mehr über die (immerhin, gegen die anderen Säugetiere gehalten, ja schon kolossal hohe) Gehirnbildung der ursprünglichen Ausgangsstelle hinaus. Der Mensch dagegen bewahrte das schlichte und urtümliche Gebiß, nahm dagegen parallel zu jenen noch einen mächtigen Aufschwung im Punkte des Oberschädels und Gehirns.

Wenn die Menschenaffen nun ihren Weg bereits im Miozän bis zum Ziel gegangen waren, so werden wir den gemeinsamen Ausgangspunkt, wo die Entwicklung sich in die beiden Äste gabelte, wohl notwendig auch noch ins Eozän zurückverlegen müssen, und dann steht nichts im Wege, sich zu denken, daß etwa im späteren Eozän auch der Mensch in seiner entschiedensten Anlage sich schon aus der Stammfolge herausgelöst habe. Er konnte, wie die Menschenaffen auf ihrer Seite, so auf seiner im Miozän dann ebenfalls schon in allem Wesentlichen nach seiner Gehirnausbildung hin fertig sein. Einzelne starke Differenzen im Knochenbau gegen heute mochten sich damals allerdings noch geltend machen, aber sie brauchten nicht mehr so stark zu sein, um die wichtigste Konsequenz auszuschließen. Denn es bedurfte nur noch eines gewissen, nicht allzu großen Fortschritts über den Menschenaffen, um gerade zu ihr schon zu kommen, und andererseits sehen wir sie im weitesten Sinne heute vollzogen auch bei solchen Menschensorten (wie den Australschwarzen), die selbst jetzt noch recht beträchtliche Eigenarten solchen Knochenbaues aufweisen.

Diese Konsequenz war aber die erste menschenhafte Benutzung von Werkzeugen.

Der allgemeinen Denkbarkeit nach werden wir solche Menschenwerkzeuge also zuerst erwarten können vom Beginn der Miozän-zeit an. Das ist ungeheuer weit zurück. Ganz gewiß ist von damals bis heute ein Zeitraum von mehreren Millionen von Jahren verflossen. Immerhin stände nichts im Wege, daß uns solche Werkzeuge, soweit sie vor allem den dauerhaftesten aller Stoffe benutzten, nämlich harten Stein, bis heute irgendwo an geschützter Stelle noch erhalten sein könnten gleich jenen Reliquien Robinsons. Tierknochen haben wir ja in Menge aus jenen Tagen. Ein Knochenrest eines Menschen ist uns etwa aus der Mitte noch der Tertiärzeit allerdings bisher nicht zu Händen gekommen. Aber menschliche Knochen sind auf jeden Fall weit leichter zerstörbar als Stein. Bei der allgemeinen Möglichkeit einer Menschenexistenz von damals, die doch schon auf recht guten Indizien beruht, müßte der Fund eines unverkennbaren Steinwerkzeugs in unberührten Ablagerungen jener Tage durchaus beweisend sein, daß bereits „die Zeit erfüllet" war, und das doch wohl eigenartigste Ereignis unseres Planeten sich endgültig vollzogen hatte.

Im Sinn der Robinsongeschichte werden wir zunächst nur allereinfachste Werkzeuge erwarten dürfen. Wir müssen uns ja jetzt, vor die Gesamtentwicklung der Menschheit gestellt, das, was bei Robinson die kleine Stufenreihe der Errungenschaften eines einzigen kurzen Menschenlebens ist, aufeinandergelegt denken in eine Kette großer geschichtlicher Bildungsstufen, die von einer unabsehbaren Reihe einander ablösender Menschengenerationen ganz langsam, Stück für Stück, erklettert wurden. Freilich ist das Tempo selbst zweifellos bei den verschiedenen Teilen der Menschheit stets ein ungleiches gewesen. An begünstigten Stellen ist man viel rascher in die Höhe gekommen als an ungünstigen. Nur so konnte es ja geschehen, daß heute noch neben Robinson ein nackter Wilder, Freitag, der gewohnheitsmäßig auf der Stufe der Steinzeit beharrt, möglich ist. Neben einzelnen rascher steigenden Kulturzentren scheinen sich immer wieder Kreise in die Weite fort verloren zu haben, die dann endlos bloß blieben, was sie waren. Neben dem Höhenwachstum stand eben ein Breitenwachstum der Menschheit, das keineswegs immer gleichen Schritt hielt. Das darf man nie aus dem Auge verlieren, wenn man nicht die Dinge arg verwirren will. Aber je weiter man sich in die wirkliche Anfangsperiode des Ganzen hineindenkt, desto wahrscheinlicher werden doch auch in dem Gesamtniveau dort Spuren eines stufenweisen Anstiegs vom Niedersten, mit dem überall irgendwie doch einmal begonnen worden sein muß, sich andeuten müssen.

Die Urwerkzeuge müssen im Sinne Robinsons auf der gesamten Höhe wie Breite zunächst einmal einfach aufgegriffene, ausgelesen handliche Steine, Hölzer und ähnliche unmittelbare Naturprodukte gewesen sein. Für die Erhaltung nach so langer Zeit werden Steine stets in erster Linie für uns dabei in Frage kommen. Nach ihnen müßten wir also in den alten Tertiärschichten fahnden.

Aber das Mißliche ist, daß wir sie als solche schwerlich erkennen werden. Denn wer will solchem Einzelstein als reinem Naturprodukt ansehen, ob er als erstes Menschenwerkzeug gedient haben könnte, oder ob er wirklich schon dazu gedient hat? Steine, die Menschen, falls welche da wären, dienen könnten, liegen vielleicht auch auf dem Mond! Zur Not dürfte einen leisen Anhalt geben, wenn gerade solche offensichtlich handlichen Steine in gedrängter Auswahl schon damals irgendwo zusammengehäuft worden wären. Ein weit besseres Merkmal aber müßten doch erste, wenn auch rohe Spuren schon künstlicher Verbesserung, etwa Schärfung, solcher Steine abgeben. Nur daß auch da, je roher die Sache ist, Zweifel sich noch vorwagen müssen, ob nicht doch auch ein reiner Natureinfluß ohne Menschenhilfe gerade diese Absplitterung oder Schärfung verursacht haben könnte.

So kann denn nicht weiter wundernehmen, daß gleich die erste „Tatsache" der prähistorischen Kultur heute noch in eine offene Streitfrage führt. Aus ungestörten, später niemals wieder veränderten Schichten der Miozänzeit hat man in neuerer Zeit eine Menge von einzelnen Steinstücken gesammelt, die verdächtig sind, wirklich schon künstlich bearbeitet zu sein, — allerdings in einer so einfachen und rohen Weise bearbeitet, daß der Zweifel sich noch daran wagen darf und auch daran gewagt hat. Die wichtigste und einwandfreiste Fundstätte ist bei Aurillac im Bezirk Cantal in Südfrankreich. Sandschichten der Miozänzeit sind dort noch in dieser fernen Epoche selbst mit Lava der einst lebhaft tätigen Vulkane der Auvergne bedeckt worden. In diesen Sanden finden sich Knochen des an jedem Fuß dreihufigen Pferdes Hipparion und des Dinotherium-Elefanten mit abwärts gebogenen Stoßzähnen im Unterkiefer, also höchst fremdartiger, noch auf ferne Urwelt deutender Tiere. Außerdem aber finden sich darin, an bestimmten Fundstätten zu ganzen Lagern vereinigt, lose Feuersteinstücke, von denen rund zwei Drittel im Hundert mehr oder minder deutliche Spuren irgendeiner nachträglichen, aber schon zur Zeit ihrer Einbettung in diese Sande, also noch in der Miozänzeit selber, vollzogenen Bearbeitung zeigen.

Der Feuerstein ist an und für sich eine ursprünglich weiche, dann aber verhärtete Kieselmasse, die, hauptsächlich in der weit älteren Kreidezeit, wahrscheinlich durch Kieselstoffabsonderung meerbewohnender niederer Tiere erzeugt worden ist. In kalkhaltigen Meeresschlamm miteingeschlossen, als dieser Schlamm zu Stein verhärtete, und Versteint, hat er doch die Eigenschaft, bei späterer Wiederauslösung dieser umhüllenden kreidigen Masse durch Verwitterung und Wasserverwaschung selbst widerstandsfähig zu bleiben, so daß er zum Beispiel am Fuße der zermürbenden weißen Schreibkreidefelsen schließlich in Massen loser Knollen wieder selbständig erscheint und in dieser freien Form weithin zerstreut zu werden pflegt. Auf der Insel Rügen kann dieser Vorgang von jedem Laien bequem beobachtet werden. In dieser befreit erscheinenden Gestalt ist nun solcher Feuerstein nicht nur ein ziemlich auffälliges Objekt, nach dem noch bei uns jedes Kind, das niedlich geformte und glänzende Steinchen sucht, sogleich greift, sondern er bietet unter seinesgleichen auch ein ganz auffällig gutes Material für Benutzung sowohl wie für willkürliche, künstliche Bearbeitung durch Menschenhand dar. Als Feuerschläger am Stahl hat er ja noch bis auf unsere Zeit der Zündhölzchen selbst in der höchsten Kultur seine Rolle gespielt. Für einen Robinson, der erst anfängt mit solcher Kultur, muß er aber geradezu ein Universalmittel sein. Schon als reiner Naturstein liefert er die bequemsten, oft wie für die menschliche Hand rein bereits geschaffenen ‚Handstücke", die gelegentlich auch schon recht brauchbare natürliche Spitzen und Kanten besitzen. Kommt man aber überhaupt einmal auf den Gedanken, mit einem solchen Feuersteinstück ein zweites zu bearbeiten, so muß man sofort merken, wie bequem er splittert. Er hat einigermaßen die Eigenschaft von dickem Glas und Porzellan, indem er messerscharfe Scherbenränder liefert und schon bei leichtem Aufschlag hübsch muschelige Dellen gibt. Aus solchem Naturporzellan mit seiner geradezu raffinierten Mischung von Härte und Bildsamkeit einen Schneider, Stecher, Schaber, Bohrer, Graber, kurz, für den ersten Anfang gleich ein rechtes Universalwerkzeug herauszuhauen, ist eine wahre Freude, und nur in seltenen Fällen hat die Natur sonst noch ein solches Prachtmaterial zur Verfügung gestellt.

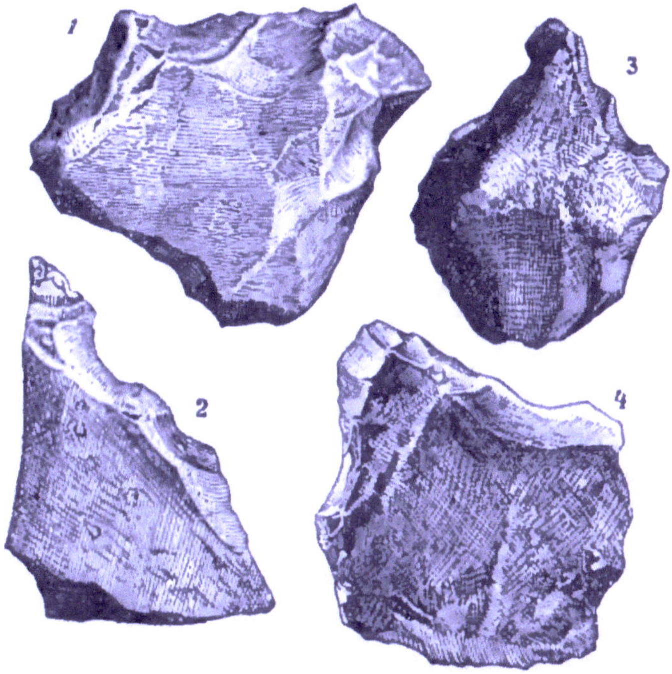

Abb. 1. Sogenannte „Eolithen" der mittleren Tertiärzeit im Vergleich mit urtümlichen Steinwertzeugen der Tasmanier. Fig. 1 und 2 zeigen Steine, über deren künstliche Bearbeitung zum Zweck der Verwandlung in ein Werkzeug durch Tasmanier, also Zugehörige der lebenden Rasse der Australier, kein Zweifel bestehen kann. (Nach Klaatsch.) Fig. 3 und 4 zeigen in genau gleicher charakteristischer Weise bearbeitete Eolithen, Steine, die aus Schichten der Miozänzeit (also aus der mittleren Tertiärzeit) von Aurillac in Frankreich stammen und als Kunstprodukte damals schon existierender Menschen gedeutet werden. (Fig. 3 nach Klaatsch, Fig. 4 nach Verworn.)

Feuerstein war nun schon in jenen miozänen Tagen auch in Aurillac zur Hand, und „zur Hand" genommen hat ihn damals dort allen Anzeichen nach wirklich schon „irgend etwas". Bon größeren Feuersteinknollen zeigen sich kleinere, handliche Scherben abgesprengt, mit der charakteristischen Schlagmarke, wie sie an solchem scha-ligen Splitter bei gewaltsamer Lösung durch einen kräftigen Außenstoß erzeugt wird. Solche Hauscherben sind dann vielfältig nochmals mit allerlei nachträglichen feineren Schlagspuren im Sinne einer engeren zweckmäßigen Zustutzung versehen, insbesondere zeigt sich oft die eine Kante mit zahlreichen kleinen Absplеißungen oder Dellen (Retuschen, wie man sie auch genannt hat) durchkerbt. Je nach der individuellen Behandlung sieht man das Steinfragment so dem

Zwecke eines Schneide-, Stech- und Grabwerkzeuges immer deutlicher wirklich angenähert.

Der Zweifel macht ja nun geltend, das letztere könne Täuschung durch vorgefaßte Meinung sein. Die ganze „Bearbeitung" möchte auch aus reinem Naturwege niederen Grades zustande gekommen sein: etwa die Scherbe sei von dem Knollen durch heftigen Temperaturwechsel abgesprengt, und die feineren Dellen seien durch nachträglichen Zusammenstoß dieser Scherbe mit anderen bei der Fortbewegung durch strömendes Wasser erzeugt worden. Äußerst eifrig ist mit solchem Zweifel gewirtschaftet worden. Aber man muß doch sagen, daß er auf immer schwächeren Füßen steht. Wo Steine durch den Wechsel von Hitze und Kälte zersprengt werden, fehlt den Scherben die Schlagmarke. Zufällige Retuschen von Stein an Stein beim Wassertransport zeigen niemals solche Regelmäßigkeit bei gleichzeitiger Schärfe der anderen Ränder: das Wasser hat ja stets zugleich die Tendenz, sein Geröll abzuschleifen. Komplizierte Gletscher- und Lavawirkungen geben ebenfalls, soweit sie bekannt sind (und nur Bekanntes kann man doch vergleichen), durchaus andersartige Resultate. Raffinierte Vergleiche aus unserem menschlichen Maschinenbetrieb von heute (wie die Schlagmarken und Retuschen, die in unseren Kreideschlämmereien durch Einwirkung der Zinken von Stahlschaufeln an Feuersteinen zu entstehen Pflegen) kommen auch nicht in Betracht, da es sich nicht um echte Naturbedingungen dabei handelt. Schließlich (und das dürfte das Hauptargument sein) bleibt das Merkwürdigste, was für künstliche Arbeit spricht, das Zusammentreffen der verschiedensten Merkmale, Schlagmarken wie Retuschen, an ein und demselben Stein; hier müßte doch der Naturzufall schon ein wahrer Hexenmeister gewesen sein. Und dazu nun läßt sich mit Bestimmtheit Nachweisen, daß gerade solche einfachste Technik, einen bequemen Stein bloß durch Scherbenspalten und seine Spleißdellen brauchbar für schlichten Werkzeugzweck zu machen, auch in der ganzen Folge der Kulturentwicklung nie völlig verlassen worden ist. Auch da, wo man sonst schon viel weiter war, diente sie immer als Neben-behelf, wie denn bis heute noch die Australier nach Klaatschs Befund vielfach Steinwerkzeuge mit urtümlichster Retuschierung Herstellen, die in jedem Zuge den Steinen von Aurillac zum Verwechseln gleichen (vgl. Abb. 1). Sie wenden die ganz genau gleiche, uralte Schlagpraxis dabei oft auf das neueste Material an, wenn es nur brauchbar ist, so auf modernes Flaschenglas der Kolonisten oder gelegentlich selbst einmal auf das Porzellanhütchen einer Telegraphenleitung.

So bleibt wenig Wahl. Es hat in Aurillac schon Ur-Robinsons in der mittleren Tertiärzeit gegeben. Gerade wegen der Technik, die sie schon anwendeten, müssen wir sie schon als echte Menschen ansprechen. Entsprechende, zum Teil spätere,. aber doch auch noch vollwertig tertiäre Spuren sind auch in Belgien und England gefunden worden. Diese Menschen müssen also schon eine gewisse Verbreitung damals über Europa gehabt haben. Die Masse der Spuren am gleichen Fleck dürfte andeuten, daß man hier gerade ans Fundorte gestoßen ist, wo zahlreiche Generationen immer wieder einkehrten, weil sich dort das gesuchte Feuersteinmaterial besonders üppig darbot. Wie Tiere von weit her immer wieder zur Tränke oder Salzlecke, so zogen sich diese neuen Begehrer von Werkzeugmaterial immer neu zu ihrem guten Ort.

An den Fundstätten selbst ist, wie gesagt, noch nie ein Skelettrest eines menschlichen Wesens aufgespürt worden. Noch hat keiner unternommen, diesen Aurillac-Robinsons einen eigentlichen Namen zu geben. Auf ihre Werkzeuge hat man ein Wort übertragen, das eigentlich schon für spätere, diluviale Reste von noch ähnlicher Technik erfunden worden war: Eolithen, Steingebilde aus der Morgenröte der Werkzeugtechnik. Mit Menschen, die so energisch im großen schon Steine auf Zwecke hin umformten, war das Morgenrot eigentlich bereits vorüber, es herrschte Heller Tag. Aber mag der Name, einmal eingebürgert, gelten. Jedenfalls ist bisher auch kein Fund gemacht worden, der verriete, daß bis zum Ausgang der Tertiärzeit irgendwo die erste Kulturhöhe von Aurillac überschritten worden wäre. Einstweilen dürfen wir hier eine einheitliche Stufe der allgemeinen Urkultur annehmen, nicht bloß eine bereits lokal zurückgebliebene Außenzone. Und damit würde nun auch der einzige tertiäre Menschenrest selbst stimmen, den man überhaupt bisher entdeckt hat, ein Menschenrest, der allerdings erst dem spätesten Ausgang des Tertiärs angehören kann, und mit dem zusammen gerade Werkzeuge nicht gefunden worden sind.

Es handelt sich bis jetzt leider nur um einen vereinzelten menschlichen Unterkiefer, der am 21. Oktober 1907 beim Abbau einer Sandgrube bei dem Orte Mauer, südöstlich von Heidelberg, zutage gekommen ist. Der Neckar bildete hier vor Zeiten eine Schleife und häufte große Sand- und Geröllmassen auf, in denen zahlreiche Tier-

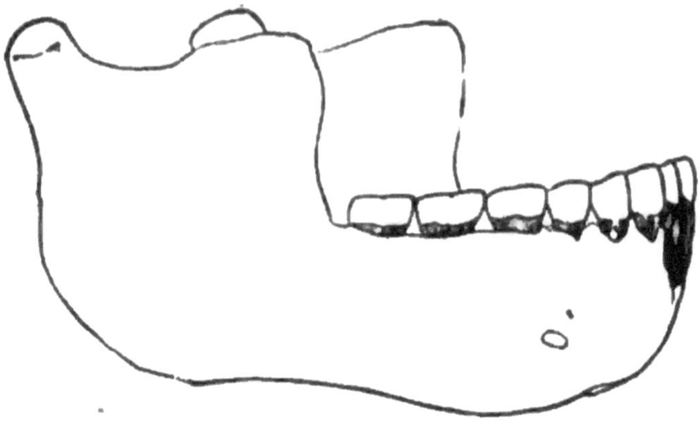

Abb. 2. Der älteste und urtümlichste bisher bekannt gewordene Unterkiefer eines Menschen, des sogenannten Homo Heidelbergensis, der im letzten Abschnitt der Tertiärzeit lebte. Gefunden in den Sanden von Mauer bei Heidelberg. (Nach Schoetensack.)

knochen (Reste von Elefanten, Nashörnern, Wildstieren, Wildpferden usw.) aus der alten Überschwemmungszone des Flusses mit zur Ablagerung kamen. Elefanten, Nashörner und andere, heute in dieser Gegend fremdartige Tiere haben nun freilich in der ganzen auf die Tertiärzeit folgenden Diluvial-periode noch bei uns in Deutschland gelebt; aber gerade einige der dort im Neckarsand der betreffenden Fundschichten vorkommenden speziellen Arten (besonders die Nashornart des sogenannten „etruskischen Rhinozeros") deuten mit großer Bestimmtheit noch aus den letzten Abschnitt der Tertiärzeit selbst. Der menschliche Unterkiefer, genau in gleicher Lage und Erhaltung gefunden (die Fundgeschichte ist völlig einwandfrei), durste also ebenfalls noch einem (wenn auch späten) Menschen der Tertiärzeit angehören. Der verdiente Heidelberger Anthropologe Otto Schoetensack, dem wir seine Beschreibung verdanken, hat ihn vorläufig Homo Heidelbergensis (Mensch von Heidelberg) getauft.

Dem reinen Knochenbefunde nach vertritt er zweifellos noch eine Art oder Unterart des Menschen, die erheblich von dem heute lebenden Typus abweicht. Die allgemeine Massigkeit ist enorm, das Kinn fehlt ganz und gar, und der Bau der Äste am Hinteren Ende verrät ausgesprochene Züge noch von einem affenhaften Stammtypus, die in diesem Falle die Menschenaffen weit treuer bewahrt haben als der Mensch von heute. Diese Einzelheiten sind jedenfalls für die Theorie von der tierischen Herkunft des Menschen von sehr hohem Interesse. Einen Augenblick könnte man vor ihnen fast versucht sein zu glauben, es habe hier bei Heidelberg in so relativ später Stunde doch noch eine vormenschliche, also auch noch vor aller Kultur stehende Zwischenform selber fortgelebt. Unmöglich wäre so etwas ja nicht, denn ungefähr zu der gleichen Zeit oder gar noch etwas später existierte auf Java noch der berühmte Pithekanthropus, der irgendwie eine solche überlebende Zwischenform wirklich wohl noch andeutete. Indessen spricht das durchaus menschenhafte Gebiß bei menschlichen Größenverhältnissen doch für einen auch schon menschlichen Oberschädel und also auch einen menschenhaften Gehirnbau, und damit wird wesentlich wahrscheinlicher, daß wir schon innerhalb des Menschengebiets und Kulturgebiets sind: mit andern Worten, daß wir den Menschen von Aurillac vor uns haben, der auch jene primitiven Werkzeuge bereits zu schaffen wußte.

Wir erinnern uns wieder, wie ein Australierschädel, der weit urtümlicher ist als unserer, doch schon in Verbindung mit einer ganz tüchtigen Kultur heute existiert, sagen uns, daß aus solcher Australierkultur für damals bloß erst der „eo-lithische", also roheste Teil in Betracht kommt, und finden also wohl möglich, daß aus einem Gehirn in noch zum Teil geradezu affenhafterem Schädel damals doch dieser Kulturausschnitt wenigstens schon hervorgegangen sein könnte. Der Mangel des Kinns könnte allerdings darauf hindeuten, daß diese Menschen noch gar keine echte Sprache im Menschensinne gehabt hätten, und das würde sie nun doch noch weiter und prinzipieller vom Australier wie überhaupt vom ganz echten Menschen abrücken. Doch findet sich gerade dieses Merkmal recht deutlich auch noch bei einer diluvialen, kulturell zweifellos schon sehr energisch tätigen Menschenrasse, von der wir gleich noch zu sprechen haben; dort gerade ist auf das Fehlen gewisser feiner Muskelzugbälkchen im Knochengewebe der Kinngegend, die für unsere Sprache unentbehrlich sein sollen, mit besonderem Nachdruck noch hingewiesen worden. Das Manko hätte danach also noch lange Über diesen Tertiärmenschen hinaus fortbestanden. Andererseits ist aber die Deutung in. diesem Sprachpunkte selbst noch nicht absolut sicher: es ist möglich, daß eine, sei es auch etwas unbeholfene, menschliche Sprache doch auch bei solcher Kinnbildung schon bestanden hat, und daß umgekehrt erst lange Dauer ihres Bestehens allmählich den Knochen sozusagen praktisch heranerzogen und nach und nach erst zum Kinn umgeformt hat.

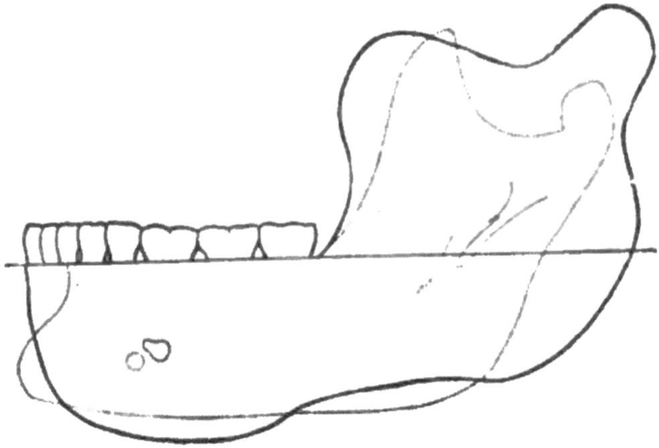

Abb. 3. Der Umriß des tertiären Menschenkiefers von Heidelberg, verglichen mit dem eines Europäers von heute. Die schwarz durchgezogene Umrißlinie ist der Homo Heidelbergensis, die schwache punktierte der moderne Mensch. Man beachte besonders den Unterschied des Kinns, (Nach Schoetensack.)

Zwischen der Kultur von Aurillac und dem Menschen von Heidelberg liegt, auch wenn letzterer noch zur Tertiärzeit gehört, ein Zeitraum von sicherlich über einer Million Jahren. Wenn die Feuersteinschärfer von Aurillac also bereits den Schädel des Heidelbergers trugen, und dieser Heidelberger noch ebenso den Feuerstein bloß erst zu Eolithen zurechtschlug, so müßten wir annehmen, daß diese erste Epoche der Primitivkultur eine ganz ungeheure Zeit hindurch zunächst einmal bloß fortgedauert habe, ohne daß ein neuer Fortschritt erzielt wurde. Und wir werden in dieser Ansicht bekräftigt, wenn wir noch diesseits der ganzen Tertiärzeit, in der uns näheren Erdperiode, die noch zwischen ihr und dem Zeitalter unserer engeren, allmählich datierten „Kulturgeschichte" steht, zunächst auf älteste Kulturreste stoßen, die durchaus auch noch im gleichen Eolithenstadium zu verharren scheinen.

Diese Periode der Erdgeschichte ist jetzt das sogenannte Diluvium.

Der Name stammt noch aus einer älteren Geologie, die sich mit der biblischen Sintflutlegende abzufinden hatte und in diese Epoche ein allgemeines Überschwemmtwerden und Verschwemmtwerden der irdischen Oberflächengebilde versetzte. Auf der einen Seite ist es nun richtig, daß diese Zeit in den Tropengegenden durch eine sehr starke Zunahme der Regenniederschläge charakterisiert zu sein scheint. Auf der andern aber umschließt sie (jedenfalls damit auch in einem Zusammenhang) für große Teile der Erde und besonders gerade für unsere nördlichen Gebiete, in denen wir bisher von Menschenspuren hörten, ein gewaltiges, ganz besonderes Ereignis: nämlich die sogenannte diluviale Eiszeit.

Um es hier nur mit kürzestem Wort zu streifen, bedeutete diese Eiszeit eine periodische Vergrößerung des Schneegebiets der Gebirge. Gebirge, die heute im Sommer schneefrei sind, bedeckten sich mit Dauerschnee. Gletscher entstanden oder vergrößerten sich ins Außerordentliche infolgedessen und krochen als gewaltige Eisfelder weit in die Ebene hinab. Speziell bei uns in Europa erzeugten nicht nur die Alpen, die Auvergne, das Riesengebirge und andere Gebirgsgebiete solche Gletscher und Gletschermaxima, sondern es dehnte sich zeitweise über den ganzen Nord- und Ostteil des Kontinents bis westlich über England noch fort eine von Skandinavien und Rußland anrückende kompakte Eismasse derartig einheitlich aus, daß die Zustände des heutigen grönländischen Binneneises in diesen weiten Gebieten einkehrten. Das noch eisfreie mitteleuropäische Zwischenland erlebte gleichzeitig die allgemeine Naturlage der heutigen hochnordischen „Tundra", der baumlosen Moossteppe.

Die Ursache des gigantischen Phänomens, das jedenfalls das größte irdische Vorkommnis war, das die Menschheit überhaupt erlebt hat, ist bis heute nicht aufgehellt. Soviel scheint in der Flut der Wahrscheinlichkeiten fest zu werden, daß es sich auf keinen Fall um ein Schlußergebnis der erkaltenden Erde gehandelt haben kann, was ja schon damit widerlegt wird, daß das Phänomen heute wieder ganz oder in seinem wesentlichsten Schrecken doch wieder verschwunden ist. Wir scheinen vielmehr vor einem periodischen Vorgang zu stehen, der in älteren Epochen der Erdentwicklung schon mehrfach aufgetreten ist. Eiszeiten haben schon dort anscheinend mit Epochen mittlerer Temperatur und solchen abnorm weit verbreiteter Tropenhitze gewechselt. Eine letzte große Hitzeperiode, die in Europa tropische Palmen gedeihen ließ, steht gerade für die Mitte der Tertiärzeit, jene Miozänzeit, wo der Mensch von Aurillac bei uns auftaucht, mit absoluter Gewißheit fest. Auf sie ist im letzten Drittel der Tertiärzeit, der sogenannten Pliozänzeit, dann eine lange Übergangsepoche mittlerer, langsam abnehmender europäischer Temperatur gefolgt, bis endlich um die Wende zur Diluvialzeit die neueste Eiszeit einsetzte.

Als Ursache dieser geheimnisvollen Periodizität werden vermutungsweise Schwankungen in der Erdbahn, Veränderungen in der Achsenlage des Erdkörpers, periodische Wärmeabnahme und -zunahme von seiten der Sonne, wechselnde Steigerung und Wiederabnahme des Kohlensäuregehaltes der irdischen Atmosphäre und vieles andere mehr bezeichnet, ohne daß eine einzige dieser Annahmen bisher einwandfrei die ganze Tatsachenkette erklärte; alle bedürfen bisher mehr oder minder der Hilfe unbeweisbarer Hilfshypothesen, die zum Zweck erst erfunden werden müssen.

Eine ganz besondere Erscheinung bietet die Eiszeit dabei noch darin, daß sie nicht bloß beginnt, eine sehr geraume Zeit andauert und dann wieder abklingt, sondern daß sie in sich selbst, als Erdepoche gefaßt, auch noch einen periodischen Wechsel zeigt. Sie setzt ein mit ihren typischen Symptomen in einer gewissen Stärke. Dann scheint sie, den hinterlassenen Spuren nach, wieder auszusetzen, es folgt eine sogenannte „Zwischeneiszeit" mit Zurückgang der Vereisungen und Eintreten eines wieder wesentlich wärmeren Klimas. Abermals aber kehrt sie, und sogar gelegentlich verstärkt, zurück. Dieser Wechsel vollzieht sich im Laufe einer sehr beträchtlichen Zeitspanne (Schätzungen gehen bis auf mehrere Jahrhunderttausende, ja über mehr als eine Million hinaus) mehrere Male, bis endlich nach einem letzten schwachen Kälterückfall das Ganze schwindet, und gleichsam ein starker zwischeneiszeitlicher Zustand, was das Klima anbelangt, bis heute ungefähr unverändert bestehen bleibt. Penck, den man heute als besten Kenner der Eiszeit gelten lassen muß, unterscheidet gegenwärtig vier solcher engeren Eiszeiten mit drei Zwischeneinlagen, die nur ungenau „Zwischeneiszeiten" genannt werden, da sie ja in Wahrheit wärmere Nichteiszeiten innerhalb der geologischen Gesamtepoche bilden. Nach vier Zuflüssen der Donau, wo die Phänomene gut studiert werden können, gibt es da vier Eiszeitnamen: in Reihenfolge von unten eine Günz-, Mindel-, Riß-, Würm-Eiszeit. Mit dem Merkwort Günzmindelrißwürm kann man sie sich leicht einprägen . Riß bezeichnet von den vieren das gewaltigste, härteste Eismaximum. Die Zwischeneiszeiten werden mehrfach ungeheuer lang gedacht. Nach der letzten Eisperiode folgt noch ein langes, mit zum Diluvium gerechnetes Ausklingen.

Das BUd einer solchen auf ihrer Höhe stehenden Kälteperiode zeigt mehr oder minder stark die oben geschilderten typischen Züge, die eventuell für ganze weite Landgebiete einfachen Kältetod alles

Lebens unter Grönlandeis bedeuteten. Den Todessaum umgibt kahle und karge sibirische Moossteppe oder Tundra, doch ist sie nicht lebensleer. Geht das Eis dann zurück, so folgt diese Tundra dem frei werdenden Raum wieder. Mit zunehmender Wärme der Zwischeneiszeit schwindet aber auch die Tundra ganz, und es lösen sie Naturbilder ab, wie sie heute am besten wohl gerade auch Sibirien und Zentralasien etwas weiter südlich zeigen: Waldgürtel und echte Steppen. Die Steppe, mit Grasvegetation, Steppentieren und ungeheuren Staub-stürmen, ist allmählich mit ziemlicher Sicherheit als eine typische Staffage zwischeneiszeitlicher Zustände in vielen Teilen Europas erkannt worden. In ihr ist als Ergebnis kolossaler Staubverwehungen der charakteristische sogenannte „Löß" gebildet worden, ein Kalkstaub mit typischen Steppenabzeichen, der von je als eine der auffälligsten Hinterlassenschaften des ganzen Diluviums erschienen ist.

Über diesen allgemeinen Wechsel der Landschaftsbilder ist heute kein ernster Zweifel mehr möglich. Im engeren werden allerdings die Epochen und Zwischenzeiten Pencks noch der Kritik weiter unterliegen. Die ganze Geschichte der Diluvialkultur so, wie wir sie heute in Einzeltatsachen überschauen, bereits jetzt in den starren Rahmen dieses Penckschen Schemas einordnen zu wollen, scheint mir unmöglich. Es würde aber auch wohl kaum zu großem Vorteil für die Übersichtlichkeit führen, da zwar die Kultur im ganzen innerhalb des langen Diluviums unverkennbar steigt, nirgendwo aber der Eindruck entsteht, als sei sie dabei in den Einzelheiten ihres Fortschritts durch geologische Wandlungen in der Weise bedingt worden, daß nun etwa jede Zwischeneiszeit das Sichtbarwerden einer neuen kulturellen Entwicklungsstufe bedeutet hätte. Nur als Hintergrund im großen, als Staffage, ist die Kenntnis dieser seltsamen geologischen Wandeldekoration, die das im folgenden zu Erzählende fortgesetzt begleitet, unerläßlich, da man sonst schlechterdings nicht begreifen würde, wie der europäische Diluvialmensch bald unter nahezu grönländischen Verhältnissen lebte und bald wieder unter solchen, die an die heiße Gobiwüste oder rückdeutend nochmals an die Elefantenwälder der Tertiärzeit erinnerten.

Daß es diluviale Menschen, eine diluviale Kultur gibt, ist anerkanntes Gemeingut der Wissenschaft jetzt seit rund fünfzig Jahren. Ein trefflicher französischer Gelehrter, Boucher de Perthes, der das Unglück hatte, neben fachwissenschaftlichen Werken auch Romane zu schreiben, und deshalb erlebte, daß man seine sachwissenschaftlichen Studien für Romane hielt, mußte erst geistig darum zum Märtyrer werden. Er grub (schon von den 30er Jahren des 19. Jahrhunderts an) bei Abbeville im Sommetal tief aus unzweifelhaft diluvialem Kies Feuersteinkeile, denen heute jeder Sachkenner auf den ersten Blick ansieht, daß sie von Menschenhand künstlich bearbeitet sind; auch er sah das damals nach reiflichster Überlegung den Fundstücken an, wurde aber von der Fachforschung zunächst einfach ausgelacht. In diese gleiche Zeit fiel nämlich zwar die endgültige Entdeckung der Eiszeit (die Goethe schon angebahnt hatte), zugleich aber wurde diese Eiszeit im Sinne der Cuvierschen Katastrophenlehre für eine „Katastrophe" gehalten, die, nicht lokal, sondern allgemein, kein lebendes Wesen überdauert hätte, und die der Mensch als heute noch existierendes Geschöpf also unmöglich bereits erlebt haben könnte. Erst als der ausgezeichnete englische Geolog Lyell diesen Irrglauben wieder erschüttert hatte, wurden die Funde von Abbeville „möglich", sie wurden plötzlich interessant, und zu Beginn der sechziger Jahre wurden sie (besonders durch Lyells eigenes Eingreifen) endgültig als Kulturspuren anerkannt. Nachdem der Bann einmal gefallen war, hat man dann in rascher Folge einsehen müssen, daß tatsächlich Neste einer diluvialen Kultur in zahllosen Exemplaren und Fundstätten über fast ganz Europa verbreitet liegen. Ganze Museen sind mit den Prächtigsten Beweisstücken seither gefüllt worden, und täglich noch wächst das Material in einer Weise an, daß man wohl jetzt schon behaupten darf, es beginne diese „vorgeschichtliche" Epoche der Kulturentwicklung für uns gegenwärtig Heller und reicher zu werden als manche beliebte Stelle innerhalb der hergebrachten „Geschichte".

Für Boucher de Perthes und seine nächsten Nachfolger war dabei das Entscheidende, daß überhaupt Menschenwerk zutage kam, das bis in eine so ferne Zeit, wie die echte Diluvialzeit, zurückging. Verlangt konnte nicht werden, daß der Zufall diese ersten Pioniere aber innerhalb der Hinterlassenschaften dieser Diluvialkultur gleich auf die allerälteste Spur geführt haben sollte. Die Gefahr wäre ja auch bei ihr wohl gewesen, daß sie ihnen noch gar keinen Mut gemacht hätte, Menschenarbeit hier anzuerkennen. Die Feuersteinkeile von Abbeville standen, wie gesagt, zweifellos ein gut Teil in der Technik höher als etwa das, was heute für das Tertiär an Eolithen in Frage kommt. Es handelte sich um mandelförmige Steinkerne, von denen allseitig die ganze natürliche Oberfläche heruntergeschlagen war. An einem Ende dick, doch gerade handlich für einen derben menschli-

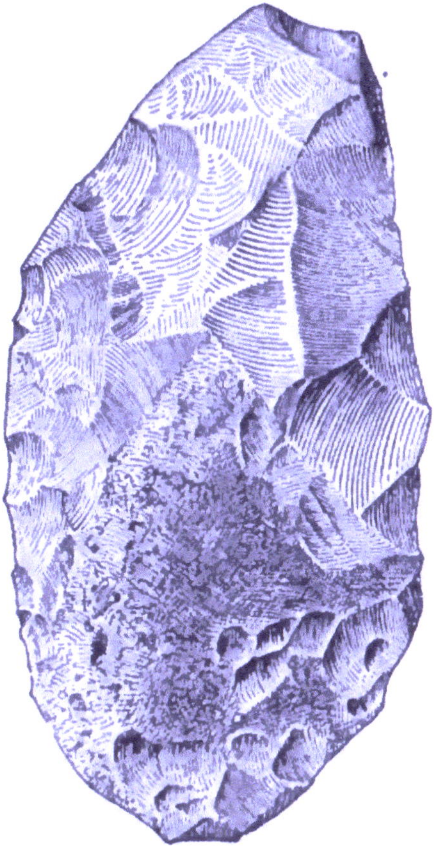

Abb. 4. Sogenannter Faustkeil, alt-diluviale menschliche Steinwaffe vom Typus des Chelleen. An solchen Faustkeilen wurde zuerst die Existenz des diluvialen Menschen festgestellt. (Nach einem Modell im Kgl. Naturaltenkabinett in Stuttgart.)

chen Griff, am andern mehr oder minder zu gespitzt und im ganzen scharf durch die Ränder der vielen Schlagdellen, lieferte ein solcher „Faustkeil" zweifellos schon eine ganz famose Waffe. Die Ausführung ist vielfach so sauber und elegant, daß man deutlich bereits auf einen altvererbten, lange geübten Brauch sieht und nicht mehr auf einen gelegentlich immer wieder rasch improvisierten Notbehelf. Daneben fanden sich auch feinere, längere Dolche, ferner Speerspitzen, Schaber und Pfriemen, kurz, schon ein kleines Inventar, das durchweg einen tüchtigen Fortschritt gegen die alten Eolithen zeigt. (Vgl. Abb. 4.)

Erst viel später gelang es dann dem ausgezeichneten Geologen Rutot, durch vieljährige planmäßige Forschung auch den wirklichen Übergang nachzuweisen, der geschichtlich von jener einfachen tertiären Urtechnik bis hierher geführt hat. In zweifellos älteren Schichten des Diluviums selbst kam, wie schon oben erwähnt, noch eine nahezu der tertiären gleiche, jedenfalls nur erst unbedeutend vervollkommnete diluviale Eolithenkullur, vielfach direkt am gleichen Fleck, bloß geologisch eine kleine Schicht tiefer als jene vom Sommetal Vouchers, zutage. Diese altdiluviale Eolithenwelt zeigte in sich noch erkennbare Stufen und dabei auch eine, die offensichtlich schon damit begann, mandelförmige, wenn auch zunächst noch ganz unbeholfen rohe und unsichere Faustkeile herzustellen, also eine Übergangsstufe direkt gegen die Bouchersche Kultur hin darstellte. In einer besonders reinlichen Schichtenfolge, die Rutot in Helin bei Spiennes in Belgien erschließen durste, zeigte sich diese ganze Folge, in gut gesonderten Kiesschichten übereinander eingelagert, so übersichtlich und vollständig, wie es beweisender gar nicht zu denken ist.

Die jedesmal den Werkzeugschichten parallelen Tierknochen weisen dabei darauf hin, daß der Zeitraum im ganzen, dem diese natürliche Chronik angehört, bereits ein höchst beträchtlicher gewesen ist. Schon hier geht man nämlich deutlich durch mehrere jener oben gekennzeichneten Staffageänderungen der Landschaft durch. Zu der ältesten diluvialen Eolithenschicht gehört eine Tierwelt von sogenannten Altelefanten (Elephas antiquus), Merckschen Nashörnern und riesigen Nilpferden. Das sind Tiere, die noch in dem gemäßigten Klima unmittelbar vor der Eiszeit als Erbe der alten, das tropische Afrika bei uns in Europa einführenden echten Elesantenwälder der mittleren Tertiärzeit fortlebten, und die, wenn die Vorstöße der Eisperioden innerhalb des Diluviums sie zeitweise vertrieben und nach Süden zurückdrängten, doch nachweislich in den wärmeren Zwischenperioden mehrfach auch diluvial noch wieder nicht nur bis nach Belgien, sondern selbst bei uns bis Thüringen zurückgekehrt sind; erst gegen Ende der Eisepochen sind sie aus unbekannten Gründen ganz ausgeblieben und überhaupt, auch im Süden, von der Erde verschwunden. In den höheren Schichten jenes anschaulichen Durchschnitts finden wir dagegen die (allmählich mehr gegen jene Höhe der Boucherschen schönen Faustkeile hin schon ansteigenden) Diluvialwerkzeuge begleitet von wirklicher Eiszeittierwelt, wie sie, wenn auch natürlich nicht dem direkten lebentötenden Grönlandeis, so doch der arktischen Tundra, der Moossteppe, an seinem Fuße und unmittelbar auf seinem eben wieder freigewordenen Terrain entspricht. Hier lebte während der ganzen Eiszeit in all ihren wirklichen Kälteintervallen ein besonderer Ableger jener alten Tertiärtierwelt, der sich umgekehrt der Kälte angepaßt hatte, also vor ihr nicht floh, sondern ihr, soweit sie irgend überhaupt noch Lebensbedingungen gewährte, in der gleichen Weise folgte, wie heute die Moschusochsen, Rentiere und Eisbären unserer Polargebiete es noch tun. Die typischen Vertreter waren ein Elefant, der sich gegen die Kälte in einen dichten roten Wollpelz gehüllt hatte, das berühmte Mammut, von dem wir aus (seit jenen Tagen nie wieder ganz getauten) sibirischen Eismassen noch so wohlerhaltene Kadaver besitzen, und ein ebenso rot- und weißscheckig umpelztes Nashorn, das Pelz- oder Tundra-Rhinozeros (Rhinozeros tichorhinus). Noch höher scheint endlich die erreichte Epoche der wirklichen Boucherschen Faustkeiltechnik in den Tierknochen nochmals auf eine wärmere Zwischeneiszeit zu deuten, in der besonders viele riesige Bären (Typus des Höhlenbären, der gegen unseren braunen Petz ein Koloß war) das Land unsicher gemacht haben müssen. Wieviel müssen diese ältesten Diluvialmenschen also schon durchlebt, wie lange müssen sie schon gelebt haben in der Spanne auch nur jener ersten technischen Entwicklungsstufe vom reinen Eolithentum bis zur Faustkeilfabrikation der Höhe von Abbeville!

Das lehrreiche Profil selber bricht hier leider dort wie auch an den anderen belgischen und nordfranzösischen Stellen nach oben zu ab. Aber die Hoffnung mußte naheliegen, ob man es nicht aus den reichen Diluvialfunden anderer Gegenden ergänzen und so auch in der Folge des ganzen Diluviums einen klaren Faden der technischen Weiterentwicklung noch herausfinden könnte. Wenn auch bei der Vergleichung nicht mehr wie Butterbrotschnitten am gleichen Fleck auseinander gehäufter, sondern räumlich oft weit, weit getrennter Schichten das rein geologische Ablesen schwer wird, so könnte man doch denken, die Technik der Werkzeuge selber möchte weitere Fingerzeige im Sinne weiterer Reihenfolge gewähren. Jenes hübsche Profil führt uns von Eolithen bis zu Boucherschen Keilen. Der technische Fortschritt ist evident. Bleiben wir nun einmal bei solcher Steinwaffe. Was für eine nächste Vervollkommnungsstufe könnte uns an anderen Fundorten da jetzt auffallen? Wenn wir sie nachweisen und dann noch eine und so weiter: wäre da nicht die Fortsetzung des Fadens auch weiter zu erwarten?

Diesen Gedanken hat man in der Tat in Frankreich bald nach Bouchers Anerkennung mit großer Energie aufgegriffen. Gabriel de Mortillet, nächst Boucher der wahre geniale Altmeister dieses ganzen Forschungszweiges, hat ihm zuerst klaren Ausdruck gegeben. Es ist gegenwärtig noch immer Brauch bei den französisch schreibenden Prähistorikern, daß sie eine bestimmte Epoche der Kulturtechnik aus diesen Gebieten nach einer geographischen Fundstelle benennen, wo gerade Zeugnisse dieser Technik besonders reichhaltig gefunden worden sind. So bezeichnet Rutot heute seine älteste eolithische Stufe der Diluvialkultur nach dem Fundorte Reutel als das Reutelien. Eine dort schon etwas höhere Stufe wird nach dem Orte Mesvin das Mesvinien genannt, und die hübsche Übergangsstelle, wo die Eolithen schon so sichtbarlich in erste Urformen der besseren Faustkeile eingehen, heißt bei Rutot nach dein Dorfe Strépy das Strepyien. Diese Worte mögen zum Teil etwas ungelenk klingen, aber für das Gedächtnis, dem sie zugleich den besten geographischen Beleg einprägen, sind sie heute unentbehrlich geworden.

Ein solcher Ausdruck wurde nun auch früh schon (als man jene älteren Vorstufen noch gar nicht genauer kannte) für die technische Stufe der schönen Faustkeile selber gewählt. Nach der ganz besonders reichen Fundstätte der Vorstadt von Amiens selbst, Saint Acheul, wo Faustkeile zu Tausenden und Abertausenden beieinander liegen, taufte man sie das Acheuleen. Und als man in der Folge merkte, daß in Chelles an der Marne, unweit Paris, in anscheinend noch einwandfreierer Lage verwandte Keile vorkamen, gründete man auf sie ein Chelleen. Da die genaue Chelleenform der Keile strenggenommen nur für die Amienskeile einer etwas tieferen Schicht zu stimmen, höher hier aber die Gestalt schon wieder ein klein wenig Abänderung zu zeigen schien, wurde das Chelleen fortan meist als eine minimal frühere Stufe genommen, und der Name Acheuleen für eine schon minimal vorgeschrittene benutzt; im ganzen mag man sich diese beiden Worte aber ungefähr als Synonyme für die Boucherstufe überhaupt einprägen, wobei Chelleen immer das Generalwort bleibt. Indem man aber nun dieses Chelleen über Amiens und Paris hinaus nach Südfrankreich verfolgte, glaubte man dort wahrzunehmen, daß seine großen Faustkeile in den diluvialen Fundstätten besonders gewisser Höhlen der Dordogne allmählich ersetzt wurden durch eine neue technische Stufe der Steinbearbeitung , die sich besonders in kleineren, aber sehr fein geschärften, als Speerspitzen gedeuteten Feuersteinscherben offenbarte. Nach einer solchen Höhle im Vezèretal, die den Namen Le Moustier führte, wurde also als nächsthöhere Hauptstation ein Mousterien angesetzt. Hervorragend schöne Speerspitzen von der Form eines Lorbeerblattes, die besonders in Solutré bei Lyon an einer Stätte, wo der Diluvialmensch offenbar wilde Steppenpferde gejagt hatte, zutage kamen, ergaben ein noch entwickelteres Solutreen. Und nachdem man endlich in dem gleichen Vezèretal der Dordogne eine Kultur entdeckt hatte, die von allen bekannten diluvialen wirklich unzweideutig die in jedem Betracht glänzendste war (sie zeichnete sich ganz besonders auch durch künstlerische Betätigung aus), setzte man als Krone auf das Ganze dort ein Magdalénien, bei dem eine hervorragende, hier in Betracht kommende, grottenartige Fundstätte des Tales, La Madeleine genannt, Pate stand. In dieser Gegend der Reihe schloß offensichtlich das Diluvium mit den Nachwehen der letzten Eiszeit auch geologisch ungefähr ab, so daß man jetzt das Ganze rund unter Dach und Fach hatte.

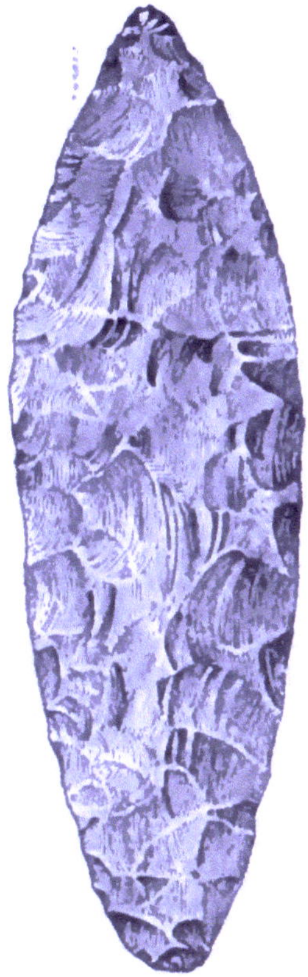

Abb. 5. Fein gearbeitete Speerspitze aus Feuerstein, diluviale menschliche Steinwaffe, die dem Typus des sogenannten Solutreen entspricht.

Alle diese Namen und ihre angenommene Reihenfolge muß jeder sich einmal fest einprägen, der sich einigermaßen in größeren modernen Werken über diesen interessanten Stoff sowie in unsern wundervollen prähistorischen Museen zurechtfinden will. Im übrigen mag aber gesagt sein, daß dieses Mortilletsche Schema vorläufig nur ein Annäherungswert ist und noch keineswegs eine wirkliche, vollkommen reinliche Lösung. Als Wesentliches und ungefähr Gesichertes läßt sich aus ihm herausschälen, daß von unten nach oben zwei große Hauptperioden uns entgegentreten, eine ältere und eine jüngere. Die ältere umfaßt im Schema das Chelleen, Acheuleen und Mousterien, wobei die Grenzen und Höhenunterschiede dieser Gruppen im ganzen wohl

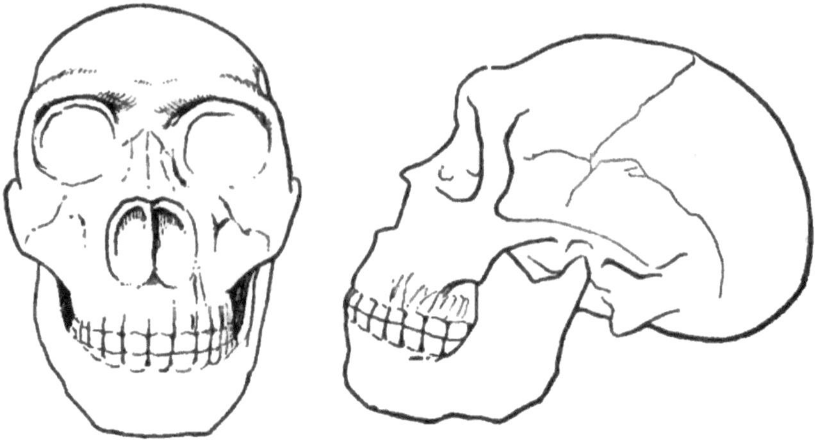

Abb. 6. Der altdiluviale Menschenschädel aus dem Neandertal nach der Rekonstruktion von Klaatsch, bet der die fehlenden Gesichtsteile in mutmaßlicher Gestalt ergänzt sind. Das Original ist nur bis -um oberen Rand der Augenhöhlen erhalten, doch läßt sich die Ergänzung nach anderen, vollständigeren Funden von Schädeln des gleichen Typus mit ziemlicher Sicherheit vornehmen. Man beachte besonders die starken Knochenwülste über den Augen. (Nach Klaatsch.)

viel mehr verschwimmen, als Mortillet annahm. Die jüngere bleibt im Magdalénien. Inwiefern zwischen der älteren und jüngeren Hauptperiode glatte Übergänge vermitteln, und ob gerade das enge Solutreen einen solchen gut darstelle, muß einstweilen noch einigermaßen offen bleiben.

Ein gewisser Gegensatz der beiden Perioden kann jedenfalls für unsere heutige, immerhin ja lückenhafte Kenntnis nicht besser illustriert werden als durch die mehr und mehr jetzt hell werdende Tatsache, daß jene ältere Periode bei uns in Europa noch charakterisiert war durch eine von allen heute lebenden anatomisch etwas verschiedene Menschensorte, während für die jüngere von etwas Derartigem bei den diluvialen Kulturträgern keine Spur wenigstens bisher mehr bekannt geworden ist.

Unsere erste Ahnung, daß auch der Diluvialmensch lange Zeit noch einen primitiveren, urtümlicheren Knochenbau gehabt haben könnte, geht in Tage zurück, wo noch nicht einmal die Anerkennung jener Steinkeile von Abbeville durchgesetzt war, nämlich bis auf das Jahr 1856. Damals wurden in einer jetzt verschwundenen Höhle des sogenannten Neandertals bei Düsseldorf einige Skelettstücke gefunden, von denen besonders der (unterseits defekte) Schädel in der Folge als „Neandertalschädel" zur höchsten Berühmtheit gelangen sollte, die je irgendein menschlicher Schädel alter wie neuer Zeit erreicht hat. Die Skelettreste wurden für diluvial angesprochen, was sie auch zweifellos waren, obwohl die Fundgeschichte zunächst keineswegs ganz einwandfrei war. An dem Schädel fielen sogleich die kolossal stark entwickelten Knochenwülste auf, die in der Gegend der äußeren Augenbrauen eine Art besonderen, höchst roh aussehenden Schutzdachs für die Augen zu bilden schienen. Dieses überraschende Merkmal sowie einige andere, besonders der erhaltenen Gliedmaßenknochen, erinnerten an entsprechende Bildungen der Affen. Auch in dieser Beobachtung lag und liegt etwas zweifellos Richtiges. Man darf sie bloß nicht dahin übertreiben, daß man hier noch etwa von einem Affenmenschen reden wollte. Dieser diluviale Mensch wahrte (was für die Frage der Menschenabstammung ja an sich wieder sehr wertvoll ist) immer noch (obwohl in geringerem Grade als der erwähnte Heidelberger) einzelne Züge des Skeletts, die in dieser primitiven und tierisch rückdeutenden Form selbst bei den am meisten zurückgebliebenen Menschenrassen von heute nicht mehr so vorkommen. Immerhin schuf zunächst das Isolierte des Fundes (viele Jahre hindurch schien er absolut der einzige seiner Art bleiben zu wollen) eine verfängliche, allerhand Übertreibungen und Irrtümer begünstigende Situation. Heute, wo die Grundfrage völlig geklärt ist, bedarf es kaum noch einer Erwähnung, daß ein sonst so ausgezeichneter Forscher wie Virchow längere Zeit die Meinung vertreten und vorübergehend sogar in den Fachkreisen durchsetzen konnte, es handle sich, wenn wirklich um die Reste eines echten Diluvialmenschen, so doch jedenfalls bei dem Neandertaler um den rein Pathologischen Fall eines zu Lebzeiten schwer erkrankten Individuums, dessen Knochenbau infolgedessen in völlig abnormer Weise verändert worden sei. Gerade die anscheinend primitiven, aus tierisches Erbe hinweisenden Merkmale sollten in diesem Sinne ohne jede Beweiskraft, sie sollten individuelle Abnormitäten des Einzelfalles sein. Das ist heute antiquiert und nur noch ein Kuriosum aus der Geschichte menschlicher Irrtümer. Es mußte es sein vom Moment ab, da die Skelette von Diluvialmenschen mit den echten Zügen des Neandertalers in größerer Zahl und besserer Erhaltung aufgefunden wurden. Das konnten nicht lauter Krankheitsopfer mit Veränderungen durch Rachitis und Altersgicht im Virchowschen Sinne sein, sondern es stellte sich in der Tat eine fest umrissene uralte Menschenrasse (oder, je nachdem man den Begriff Art faßt, Menschenart) hier vor Augen.

Die Reihe der entscheidenden Fortsetzungen begann in der zweiten Hälfte der sechziger Jahre mit einem viel besser erhaltenen neandertalhaften Schädel, der aus dem Felsen von Gibraltar geborgen wurde, bis auf die neueste Zeit aber fast ganz unbeachtet geblieben ist, und mit einem einzelnen Unterkieferfragment, das in der Höhle La Raulette im Lessetal in Belgien zutage kam, viel Diskussion hervorrief, sich aber zunächst auch allein noch nicht gegen die phantastisch übertreibende Skepsis halten konnte. 1882 folgte abermals ein Einzelkieferstück, diesmal aus der mährischen Schipkahöhle, das von Virchow kritisch noch so zersetzt werden konnte, daß es erst rund zwanzig Jahre später mit Hilfe der Röntgendurchleuchtung wieder rechtskräftig geworden ist. Für Unbefangene hätte die ganze Frage aber schon der nächste Fall entscheiden müssen: zwei unanzweifelbar typisch neandertalhafte, aber besser erhaltene Trümmerschädel in völlig einwandfreier altdiluvialer Lagerstätte aus der Höhle von Spy bei Namur. Trotzdem ist der Kampf, der zuletzt auf Prinzipienreiterei der Gegner hinauslief, wesentlich beendigt worden erst durch die Aufdeckung einer ganzen Knochenschicht mit den Resten von. zunächst mindestens zehn Individuen, die alle durch die Augenwülste sich als Neandertaler erwiesen, in einer Höhle bei dem Dorfe Krapina in Kroatien seit 1901.

Diese hochinteressante Fundstätte, deren Bedeutung sich denn doch schließlich kein Einsichtiger mehr verschließen konnte, ist seither von dem ausgezeichneten Agramer Geologen Gorjanovic-Kramberger immer weiter ausgebeutet und in einer prachtvollen Monographie mustergültig beschrieben worden. Sie liegt im Boden einer alten Auswaschung des Sandsteins durch den Krapinicabach, der einst 25 Meter höher als heute hier sein Bett hatte. Solange der Bach den Höhlenboden noch selbst bespülte, lagerte er dort Kies und Ton ab, in denen zahlreiche Biberknochen die Anwesenheit des Wassers noch verraten. Dann, als die Höhle dauernd trocken wurde, ist sie von diluvialen Menschen bewohnt worden, die außer Knochen zahlreiche Lebensspuren hinterlassen haben, das Inventar einer höheren Schicht des Höhlenbodens. Jene entscheidenden Knochenreste der zehn und mehr Neandertaler (zwei engere Unterrassen solcher scheinen sich beide am gleichen Fleck hier anzudeuten) sind in einer Weise zertrümmert und angebrannt, daß man wohl mit vollem Recht den

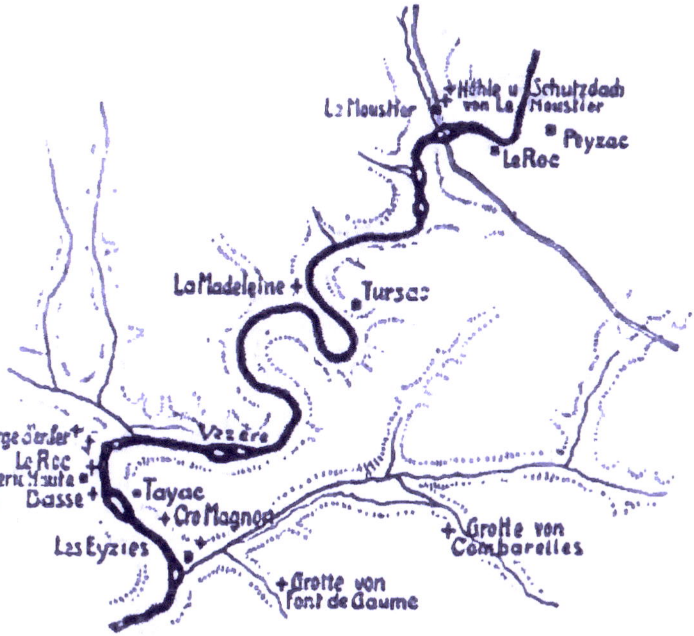

Abbildung 1: Abb. 7. Situationplan der berühmten Fundstätten diluvialer Menschenkultur im Vezéretal in der Dordogne in Südfrankreich.

Schluß gezogen hat, es handle sich um den Knochenhügel einer Kannibalen Mahlzeit. Gut erhaltene beigelagerte Rhinozerosknochen, die sämtlich dem wärmeliebenden sogenannten Merckschen Nashorn und nicht dem bepelzten eiszeitlichen Tundranashorn angehören, deuten auf eine Zwischeneiszeit als geologischen Zeitpunkt.

Während die Entdeckungen an dieser wirklich klassischen Stätte noch fortgingen, kam 1905 einmal wieder ein (wahrscheinlich von Menschenhand selbst hinten abgeschlagener) Unterkiefer eines Neandertalers aus der Schwedentischgrotte von Ochos bei Brünn ans Licht, der jetzt sogleich die gebührende Aufmerksamkeit fand, nachdem der Fund von Krapina und das energische Auftreten von Schwalbe, Klaatsch u. a. endlich die Gespenster verscheucht hatten. Schon zwei Jahre später sollte es dann dem einen rastlosen Kämpfer gerade in diesem Problem, Klaatsch, vergönnt sein, selber einen ganzen Neandertaler aus vorzüglich gesicherter Lagerstätte ausgraben zu helfen.

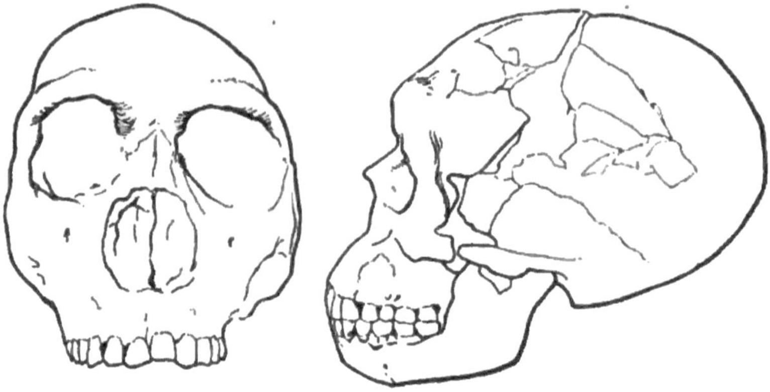

Abb. 8. Der Schädel eines alldiluvialen jungen Mannes vom Typus des Menschen aus dem Neandertal, gefunden in der unteren Höhle von Le Moustier. Rechts ganz von der Seite in provisorischer Zusammensetzung der erhaltenen Fragmente, links (ohne Unterkiefer) nach künstlicher Verkittung und Ergänzung der Lücken. (Nach Klaatsch und Hauser.)

Fundort war zum erstenmal jetzt jenes schon erwähnte Vezéretal in der Dordogne in Südfrankreich, das zurzeit die großartigste Sammelstätte diluvialer Kultur in der ganzen Welt darstellt und seit Jahrzehnten zu immer neuen Überraschungen geführt hat. In die hohen Kalkfelsen dieses anmutigen heutigen Flußtales und seiner Nebenzweige haben noch im Laufe der Diluvialzeit selbst die Schmelzwasser der zeitweise ja immer wieder nachlassenden Gletscher des altvulkanischen französischen Zentralplateaus zahlreiche Höhlen und von Felsdächern oberflächlich balkonartig gedeckte Unterwaschungen eingefressen, die den verschiedensten diluvialen Menschengenerationen nacheinander immer wieder Obdach gewährt haben. Müllhaufen, Begräbnisstätten, Wohnungswände mit Gebrauchsspuren und zufällige Verschüttungen haben uns an diesen Stellen dabei allmählich ein Kulturinventar aufgespeichert, das den Umfang ganzer Museen hat und noch fortgesetzt so unerschöpflich ist, daß man mit Recht hier von einem „diluvialen Pompeji" gesprochen hat. Erwähnt ist oben auch schon der spezielle Fundfleck von Le Moustier, der (im Gegensatz zu anderen des Tales) in jenem Mortilletschen Schema den Namen für ein Hauptstück der älteren diluvialen Kulturepoche hergeliehen hat. Tatsächlich handelt es sich bei dem Wort nicht bloß um eine einzige „Höhle", sondern um zwei Schutzstellen im Fels, von denen die obere schon früh wissenschaftlich durchsucht worden war, während die untere, eine jener Balkonnischen, zehn Meter tiefer, seit Herbst 1907 zum erstenmal Planmäßig zum Aufschluß kam. Dabei geriet der Schweizer Gelehrte Hauser am 7. März 1908 auf Anzeichen eines menschlichen Skeletts. Bon der Wichtigkeit des Fundes überzeugt, aber auch von der Verantwortlichkeit, die eine kritische Wissenschaft in solchem Falle heute auferlegt, ließ Hauser den Fund so lange ruhen, bis zunächst eine amtliche Kommission über den ungefähren Sachverhalt der ungestörten Lage ein Protokoll ausgenommen hatte, und sodann eine deutsche Gelehrtenkommission mit Klaatsch an der Spitze am Fleck versammelt war. Klaatsch besorgte nun selbst die eigentliche Hebung des Skeletts, die wegen des rasch zerfallenden Materials auch für beste Fachleute keine leichte war. Von jeder nach und nach vortretenden Situation wurden Photographien und Skizzen angefertigt, und jedes winzigste Substanzsplitterchen wurde bewahrt. Die spätere Zusammensetzung und Neuverkittung der Knochenfragmente des Schädels, die überraschend gut gelang, ergab auch diesmal einen typischen Neandertaler, und zwar einen jungen Menschen von etwa fünfzehn Jahren.

Am wichtigsten und die große Sorgfalt bei der Hebung glänzend lohnend war aber in diesem Falle nicht so sehr die Tatsache selbst als vielmehr der genaue Nachweis der Lagerung des Skeletts. Es rührte nämlich, wie mit voller Sicherheit zutage kam, nicht von einem solchen Neandertalmenschen her, der hier etwa verunglückt oder sonst zufällig umgekommen und so liegengeblieben war, sondern es zeigte einen von anderer Menschenhand bestatteten Neandertaler. Der Körper lag in Schlafstellung, das Gesicht auf der rechten Seite, der rechte Arm so unter den Kopf gezogen, daß die Wange den Ellenbogen berührt haben muß. Die rechte Hand faßte den Hinterkopf. Der linke Arm lag lang ausgestreckt, und dicht bei seiner Hand fand sich ein typisch schöner mandelförmiger, beiderseitig bearbeiteter Faustkeil von der Technik des Acheuleen. Unter Gesicht und Schlummerarm ließ sich vollkommen deutlich eine Art Polsterung aus Feuersteinstücken erkennen, die einst so genau den Weichteilen angepaßt worden war, daß sich noch jetzt Schlüsse auf die Gestalt der am Schädel längst nicht mehr vorhandenen Nase und die Lage der Nasenlöcher daraus entnehmen ließen. Dieses „Kopfkissen" wie überhaupt die gesamte Situation machten ein „Begräbnis" zur Gewißheit. Der Faustkeil sowie ein ebenfalls sehr gut ausgeführter Steinschaber und eine Anzahl aufgeschlagener und angebrannter Knochen des (heute nicht mehr existierenden) Urstiers waren zweifellos auch mit Absicht beigegeben worden.

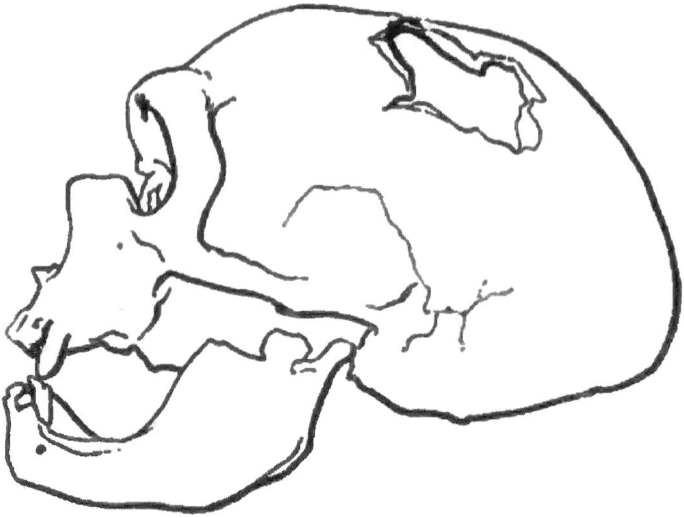

Abb. 9. Der Schädel eines Greises vom Typus des altdiluvialen Menschen aus dem Neandertal, gesunden in der Höhle La Chapelle-aux-Saints. (Nach Boule.)

Klaatsch hat die Knochenreste als „Homo mousteriensis Hauseri" (Hausers Mensch von Le Moustier) beschrieben, wobei der lateinische Name aber nicht die Menschenart als solche, sondern nur das einzelne Fundstück individuell bezeichnen soll, ein nach den Regeln der Systematik, wie er selbst betont, sonst nicht üblicher provisorischer Notausweg. Für die gesamte Neandertalform des Diluvialmenschen ist von anderer Seite der Artname: „Homo primigenius" vorgeschlagen worden, was aber eine nicht zu billigende und hoffentlich nicht durchdringende Bezeichnung ein-führt; es heißt nämlich der „erstgeborene", urtümlichste aller Menschen; wie verkehrt dieser Zusatz aber sein würde, beweist gerade jetzt schon der inzwischen bekannt gewordene, zweifellos wesentlich urtümlichere und ältere „Mensch von Heidelberg". Bis jetzt ist der Name „Neandertaler" nach wie vor der beste und gleichsam (in Erinnerung an den endlosen Virchowstreit) pietätvollste.

Wie es sooft geht, hat auch in diesem Falle zum Schluß die berühmte „Duplizität der Zufälle" dem jungen Neandertaler des Vezèretals gleich noch einen Genossen aus der Dordogne selbst gegeben: im gleichen August 1908 entdeckte der französische Forscher in einer Dordognegrotte bei La Chapelle-aux-Saints im Kreis Corrèze ein Greisenskelett, das ebenfalls bestattet war, und dessen größtenteils wohlerhaltener Schädel abermals einen sogar sehr extremen Neandertaler vorführt.

Nach all diesen gehäuften Beweisstücken von den verschiedensten Orten Europas ist die Hauptfrage also geklärt: Neandertaler haben im Diluvium weitverbreitet bei uns gelebt. Wie sie ungefähr im Gesicht aussahen, läßt sich jetzt auch darlegen. Die Nase muß eine gewaltige Breite gehabt haben, sie saß (um mit Klaatschs Worten zu reden) „gleichsam wie eine tierische Schnauze auf dem Munde". Die klotzartig auflagernden Knochenwülste über den Augen, hinter denen die eigentliche Stirnwölbung äußerlich fast zurückgedrängt erschien, werden wohl äußerst starke, in hohen Bogen herumlaufende Augenbrauen getragen haben. Diese Wülste lagen aber nicht etwa als Erker über tiefliegenden Augen nach Art der heutigen Australieraugen, sondern sie hatten offensichtlich große, dick vorspringende Glotzaugen zu schützen, was ihre Existenz ja auch viel plausibler erklärt. Das Kinn in unserem Sinne fehlte, wie schon einmal gestreift ist, noch immer in ausfälligstem Maße. Die Gesamtstatur ergibt auf keinen Fall Riesen, sondern eher robuste, aber untersetzte Menschen, die Klaatsch darin mehr den Eskimos als den Australschwarzen von heute vergleichen möchte.

Der junge Neandertaler von Le Moustier hatte, wie gesagt, einen Faustkeil vom Acheuleentypus neben der Hand liegen. In Krapina tauchen die Skelette vor ähnlichem Kulturhorizont auf. Wenn man im angedeuteten Sinne Chelleen bis Mousterien als eine ungefähr einheitliche ältere Epoche der Diluvialkultur nimmt, so wird in hohem Grade wenigstens wahrscheinlich, daß die Menschen dieser Kulturepoche allgemein die Neandertaler gewesen sind. Unsichtbar werden wir sie auch da vermuten, wo uns zwar reiche Kulturstätten dieser Epoche sonst noch erhalten sind, bisher aber die Menschen dazu fehlen. Solcher Stätten hat man noch manche und recht bedeutende dabei. Steinkeile, die an die Technik von Chelles erinnern, sind weit über Europa hinaus bekannt geworden, besonders aus Afrika. Ägypten (wo Schweinfurth unermüdlich auf diesem Forschungsgebiet tätig ist) scheint von den Eolithen an in seinen prähistorischen Resten durch diese ganze diluviale Kultur der Technik nach genau so mitzugehen wie Frankreich.

Einzelne Materialien des älteren Typus haben die deutschen und schweizerischen Höhlenbären-Katakomben geliefert: die Rübelander

Höhlen im Harz, die Hohleselshöhle in Schwaben und die Wildkirchlihöhle am Säntis. Hier überall müssen wir uns den Knochen nach den Neandertaler im Kampfe mit den scheußlichen Raubtieren der Zeit denken. In der Wildkirchlihöhle, die sich in einer Höhe von 1477 Metern inmitten einer steilen Felswand derartig abgelegen öffnet, daß es fast unglaublich scheint, daß hier überhaupt je ein größeres Tier oder ein Mensch hingesunden hat, liegen die (sehr primitiven) Kulturreste zusammen mit Hunderten von Exemplaren des Höhlenbären sowie Knochen eines Höhlenlöwen, eines Höhlenpanthers und eines Alpenwolfes, — unheimliche Gesellschaft genug also.

Die interessanteste Fundstätte hat sich uns aber auf klassischer Erde in Thüringen aufgetan: bei dem Dorfe Taubach nahe bei Weimar. Das weltbekannte kleine Weimarer Flüßchen, die Ilm, hat in alten, wilderen Tagen hier einen Stausee gebildet, der gewaltige Lagen von Kalktuff abgelagert und bei dieser Gelegenheit die Abfälle einer frühmenschlichen Kulturstation so gut mitkonserviert hat, daß unsere späte Wissenschaft noch die glänzendste Nachlese halten konnte. Die Zeit ist im Annäherungssinne wieder dabei gegeben durch die Anwesenheit von bearbeiteten Jagdstücken dieser Ur-Taubacher, die sich uns als Knochen jenes Altelefanten und des Merckschen Rhinozeros ausweisen: die Dinge spielten sich also auch dort in einer Zwischeneiszeit ab, in der diese zähen Urweltler sich nochmals so weit nach Norden gewagt hatten. Da es in Taubach wenig Feuerstein gab, kann man hier nicht die schönen Keile und Speerspitzen der belgischen und französischen Kulturstätten erwarten, und so sieht es auch mit der Einordnung dieser Stufe in das Mortilletsche Schema überhaupt nicht sehr gut aus. Die Taubacher Diluvialmenschen haben offenbar viel weniger Stein- als Holz- und vor allem Knochenmaterial verarbeitet. Diese Knochen lieferten ihnen besonders jene Huftiere, die sie in Gruben gefangen haben mögen. Holz gab der Wald, der von diesen kolossalen Fressern wimmelte, Laub- und Nadelholzwald, wie er einem nicht heißen, aber doch gemilderten Zwischenklima entsprach im Gegensatz zu der Mammuttundra der eigentlichen Eiszeiten. Größere und sicher deutbare Menschenreste sind (mit Ausnahme einiger Zähne) bisher in Taubach nicht gefunden worden, vielleicht weil auch diese deutschen Diluvialmenschen wie die südfranzösischen damals schon ihre Toten irgendwo sorgfältig begruben, und gerade diese Begräbnisstätte sich nicht miterhalten hat. Auch in diesem Falle ist aber die in jedem Betracht wahrscheinlichste Annahme, daß es Neandertaler waren.

Dabei tritt uns aber hier bei Weimar etwas entgegen, was ebenso unzweideutig die angebrannten Urstierknochen bei jenem Le Moustier-Knaben wie die ähnlich behandelten scheußlichen Kannibalentrophäen von Krapina lehren: diese Neandertaler besaßen bereits Lagerfeuer, Herdflammen, sie brieten Fleisch, — mit einem Wort: sie lebten im Vollbesitz der großen Kulturtat künstlicher Feuererzeugung. Zur Geschichte dieser entscheidenden Entdeckung geben noch spät selbst bei den hohen Kulturvölkern gewisse Legenden einfache Fingerzeige. Nicht, daß solche Sagen ohne weiteres stets prähistorische Erinnerungen selbst enthalten müßten; aber die Logik führte auch in der Mythenbildung immer wieder auf den richtigen Weg. Wir hören da von Prometheus, der die erste Flamme vom Himmel brachte, indem er sie in einem hohlen Rohr barg. Im Vestatempel brennen heilige Flammen, die nie erlöschen dürfen; der Brauch lebt noch in den „ewigen Lampen" unserer Kirchen fort. In heiligen Zeichen und Mysterien taucht ein Holzkreuz auf, auf dem durch Wärmeerzeugung mittels Reibung durch einen Bohrer Feuer erzeugt wird. Hier treten uns offenbar noch verschiedene deutliche Momente des Urvorgangs selbst näher. Feuer fiel vom Himmel, — als Blitz. Der jäh entfachte Steppenbrand scheuchte die Tiere wild vor sich her. So sicherlich ursprünglich auch den Vormenschen. Aber die bei solcher Gelegenheit geröstete Tierleiche bot später willkommene Nahrung. Sie konservierte sich länger als frisches Fleisch, fütterte also länger. Die warme Brandstätte erwies sich angenehm in der Nachtkühle. Von hier war doch noch ein ungeheurer Schritt bis dahin, glimmende Nachtflämmchen solchen himmlischen Schreckens künstlich zu hegen, zu nähren, damit die Wärme dauere, das Licht die Nacht helle, jede Fleischbereitung willkürlich vorgenommen werden könne, auch ein dem Besitzer ungefährlicher Feuerring die dräuenden Raubtiere scheuche. Zu dieser Kombination, die kein Menschenaffe je vorgenommen hat, war eben doch erst das menschenhaft entwickelte Gehirn wieder nötig. Wie bei dem Werkzeug überhaupt, so galt es auch bei dieser größten Tat der Urzeit, aus dem gräßlichen Feuerschrecken ein gebändigtes, gezähmtes, künstlich geleitetes „Werkzeug" ersten Ranges zu machen. Wo man eine solche himmlische Flamme „gefangen", zum Fortzünden, Weiterbrennen nach Menschenwunsch gebracht hatte, da hütete man sie anfangs gewiß wie eine heilige Vestaflamme. Auf Wanderungen trug man glimmendes Holzpulver in einem hohlen Rohr mit wie Prometheus. Das kommt noch heute bei wilden Völkern als Brauch vor. Aber das Feuer fiel doch nicht bloß vom Himmel. Es sprang auch als Funke heraus, wenn man Stein an Stein zerschlug. Der weitverbreitete Schwefelkies hat sicherlich schon sehr früh die Augen von Naturkindern sozusagen „ästhetisch" angezogen, wegen seines metallischen Gefunkels, das auf menschliche Augen so gut einen Reiz ausübt wie auf die von Elstern, die sich alles Glitzernde zusammenräubern, das sie nur kriegen können. Solcher Schwefelkies gibt aber, vom Feuerstein geschlagen, die prachtvollsten Funken. Leicht war mit solchem Funken ein bereitgehaltenes Häuschen Schabmehl trockenen Holzes entzündet. Gerade solches Holzschaben mußte aber aus die einfache Grunderkenntnis praktisch führen, die wir heute theoretisch als Gesetz von der Erhaltung und Umwandlung der Energie formulieren: daß durch Reibung selber Wärme, ja zuletzt Feuer entsteht; das geschabte Holz erwärmte sich, das Holzmehl begann von selber zu glimmen. So entstanden die Holzreiber, Holzbohrer und verwandten unmittelbaren Feuerzeuge, wie wir sie ebenfalls heute noch bei Wilden in Brauch sehen, und wie sie Freitag seinem Robinson als ältesten sicheren Besitz schon vorführen konnte. Ganz schlicht scheint die ungeheure Tat dieses „Feuerzaubers" zu werden, wenn man sie in solche Bilder zerlegt; und doch bleibt das Größte, Grundlegende auch in ihr bestehen: daß nämlich ein Menschengehirn zu der allerersten Kombination dabei vorhanden sein mußte. Es steht aber nichts im Wege, sich solches Gehirn durchaus leistungsfähig bereits im Schädel eines Neandertalers zu denken.

Gingen doch die Gehirnkombinationen gerade eines solchen altdiluvialen Menschen offensichtlich schon sehr viel weiter. Jene Begräbnisstätten von Le Moustier und La Chapelle-aux-Saints geben hier die bedeutsamsten ferneren Fingerzeige. Wie der Tote da sorgfältig in Schlafstellung auf besonderem Steinkisten hingelagert ist, wie er eine Waffe in die Hand und Proviant mit ins Grab bekommen hat, treten schon bestimmte Totenbräuche auf, die bei heutigen Naturvölkern genau so noch jetzt wiederkehren und dort stets einen ganz bestimmten Gedanken aussprechen. Sie gehen hervor aus einer primitiven Form des Unsterblichkeitsglaubens. Die Seele erlischt nicht mit dem Tode. Sie tritt eine Wanderung an. Sie braucht dabei zunächst noch Wehr und Proviant. Was später die Form eines Andenkens annahm, einer Zier, die man um der Lebenden willen der Leiche mitgab, das ist in solchem schlichten Glauben noch ganz real gedacht als wirkliche Fürsorge für das Fortleben des „Toten". Es sind sehr einfache Schlüsse, die schon den nackten Wilden in diese Vorstellungsbahn treiben: im Traum erscheinen ihm Verstorbene doch wieder wie lebendig, — redend, sich bewegend, handelnd. Dieses Phantasieleben des Traumes ist etwas, was der Mensch schon mit dem Hunde teilt. Aus der anderen Seite liegt in diesem Traumschaffen aber bis in unser höchstes philosophisches Denken von heute hinein noch immer der wichtigste Ausgangspunkt, wenn nicht mehr so naiver Unsterblichkeitsvorstellungen, so doch der ganzen Ideen-gänge, die auch in allem Wirklichen der Welt eigentlich nur eine seelische Handlung, ein seelisches Ersterschaffen sehen wollen. Jedenfalls war es in seinen Konsequenzen eine ungeheure Anregung, die dieses Erlebnis gab, ihr Schatten geht fortan durch die ganze Geistesgeschichte der Menschheit. Zu dieser Stufe hatten die Neandertaler sich aber offenbar auch bereits erhoben; von ihnen schon war der erste entscheidende Schritt getan. Das Gehirn, das Tod und Traum kombinierte und ein geheimnisvolles Fortbestehen der Seele konstruierte, war reif für die ganze Folgeentwicklung von Religion und Philosophie; wenn es nicht mehr hatte, so hatte es doch schon ebensoviel davon wie der Australier von heute.

Man kann aber, ja muß noch ein zweites herauslesen aus dieser rührenden Beigabe von Mitteln zur seelischen Forthilfe an die Toten der Neandertaler. Wer für den Toten so sorgt, dem wird in bestimmten Zusammenhängen auch eine Sorge der Lebenden für die Lebenden nicht gefehlt haben. Ein Zusammenhang muß diese Menschen schon verknüpft haben. Anfänge eines sozialen Lebens müssen bestanden haben, in dem der einzelne nicht mehr bloß für sich, sondern auch für die andern ein Wert war, den man gegebenenfalls sogar noch bis über den Tod hinaus achtete. Wie in all unserem menschlichen Sozialleben bis heute, muß auch damals dann aber auch schon eine gewisse Moral sich entwickelt haben. Dinge, die längst im Tier dumpf walteten, brauchten ja auch hier nur mit menschlicher Kraft wiederholt und ausgebaut zu werden: das Verhältnis von Eltern und Kindern, das Zusammenhalten größerer Horden zu gemeinsamem Schutz auf Grund einer gewissen Stammestreue. Ich bin der Ansicht, daß eine gewisse primitive Form der Ehe auch dabei von Anfang an eine starke Rolle gespielt hat, eine Institution, die als solche auch nur aus dem Tierreich übernommen zu werden brauchte. Au einen ursprünglichen Sozialzustand, wo in der Schutz- und Trutzgenossenschaft der Horde Weibergemeinschaft geherrscht hätte, glaube ich nicht; aus bekannten menschlichen Verhältnissen läßt sich die Sache rückwärts ganz gewiß nicht beweisen, und aus den Gewohnheiten der . Tiere umgekehrt auswärts wird sie mindestens unwahrscheinlich.

Kontraste wie die, daß auf der einen Seite ein Familien- oder Stammesgenosse so vorsorglich noch im Tode behandelt wird, und aus der anderen uns aus der gleichen Kulturwelt der Knochenhügel einer Kannibalenmahlzeit anstarrt, dürfen uns dabei nicht stutzig machen. Einmal kommt, wie gesagt, Kannibalismus noch heute bei Naturvölkern vor und keineswegs bloß den primitivsten. Andererseits ist der Schritt überhaupt noch wieder ein kolossaler von einer gewissen internen Stammesmoral, die das Leben eines Genossen unter Umständen schon äußerst hoch einschätzen kann, und dem Verhalten fremden, feindlichen Stämmen gegenüber, wo jede List und Grausamkeit gilt. Man muß noch in der Ilias nachlesen, wie lange in der Kulturmenschheit selbst auf glänzender Stufe hier noch vollkommen doppelte Buchführung galt. Gerade der Kannibalismus hat aber vielleicht noch eine besondere und für sich wieder bedeutsame Seite, Er ist eigentlich im Tierreich ein seltener, ungern geübter Brauch, war also beim Menschen etwas in gewissem Grade Besonderes. Während unsere moderne Kulturmoral durchweg geneigt ist, in ihm noch eine ganz apart rohe, bestialische Ureigenschaft zu sehen, ist es sehr wohl möglich, daß er gerade erst mit dem Erwachen feinerer, geistig fortschrittlicherer Gehirnkombinationen sozusagen „philosophisch" entstanden ist. Ein typischer Kannibalenglaube von heute ist nämlich, daß durch das Verzehren der Leiche des Besiegten seine Kraft, seine Tapferkeit durch einen seelischen Akt in den Verzehrer übergehen. Also eine Idee aus dem Vorstellungskreise des Seelenglaubens, sozusagen des Unsterblichkeitsglaubens! Da dieser Glaube bei den Neandertalern aber schon da war, so ist nicht zu widerlegen, daß nicht auch diese Konsequenz schon dagewesen sein könnte. Der Kannibalenhügel von Krapina würde dann auf einem seltsamen Umwege eigentlich ein Zeugnis für das Denken jener Menschen.

Es ist ein schwaches, aber immerhin doch kein ganz konturenloses Bild mehr, das sich uns heute von dem Wesen und Treiben der Neandertaler zusammenzufügen beginnt. Wenn man bedenkt, daß sie aller Wahrscheinlichkeit nach doch wirkliche Urrobinsons waren, die alles, was sie an Kulturfortschritt schon besaßen, sich durch eigene Kraft selber erst einmal erworben . hatten, so muß man eigentlich geneigt werden, sie für größere Kulturpioniere zu halten als alle folgenden Völker der Erde zusammengenommen. Gerade deshalb möchte man aber so gern noch mehr von ihnen wissen. In Krapina scheinen bereits leise rassenhafte Varianten innerhalb ihres Typus aufzutauchen. Man möchte wissen, ob den verschiedenen Hauptrassen der Menschheit von später jeder für sich eine Stufe des Neandertalers, doch vielleicht schon mit bestimmten vordeutenden Besonderheiten, vorausging. Und waren die uns bekannten Neandertaler, von denen wir doch bis jetzt bloß Reste aus Europa haben, etwa lediglich schon die unmittelbaren Vorfahren der späteren europäischen Rasse? Fragen, auf die uns heute noch jede Antwort fehlt. Dichter als je lastet heute das Dunkel für uns auf der so viel erörterten Rassenfrage der Menschheit, — wie weit die vorhandene große Rassenteilung zurückgeht, was sie bewirkt hat, von wo sie ursprünglich ausgegangen ist, ob sie ein geographisches Produkt war oder inneren artbildenden Vorgängen und Anläufen im Menschenwesen verdankt wurde — lauter zurzeit absolut ungelöste Fragen. Ganz gewiß ist, daß von allen lebenden Völkern die Australier dem Neandertaler in ihrem Schädelbau noch am nächsten stehen, wenn auch keineswegs etwa Identität vorliegt. Schon Huxley hatte das gesehen, vor vielen Jahren, als der erste Schädelrest aus dem Neandertal selbst eben bekannt geworden war. Seither ist es immer besser bestätigt worden. Selbst auf die Augenbrauenwülste kommen bei den Australiern wenigstens individuell noch auffällige Rückschläge vor. Und immer wieder hat sie etwas Verblüffendes, diese Beziehung gerade zwischen dem altdiluvialen Europäer und jenem geographisch für uns doch allerentlegensten lebenden Menschentypus.

Wenn man bedenkt, was für ein enormer Kulturschritt doch gerade mit dem Neandertaler schon getan war, und wenn man sich dazu vergegenwärtigt, daß alle höheren und höchsten Kultursiege später ausgesprochen nur auf der Nordhalbkugel unseres Planeten und wesentlich in der gemäßigten Zone dort erfochten worden sind, so möchte man immer doch auch wieder vermuten, es habe ein uralter, unlösbarer Zusammenhang bestanden zwischen dieser geographischen Nordlage und aller wirklichen Emporentwicklung der Menschheit. Dann möchte man annehmen, daß doch auch die wirkliche Entstehung des Neandertalers und seiner Kultur ursprünglich nur im Norden gelegen hätte. Man könnte sich Gedanken darüber hingeben, inwiefern gerade die starke diluviale Abkühlung des Klimas dort selber noch eine Triebkraft mehr gewesen wäre, die den Prozeß beschleunigte, indem sie gleichsam die gemäßigte Zone mehrfach südwärts vor und (in den Zwischeneiszeiten) wieder nordwärts zurückschob, den Besitz der Zone für alle Bewohner zu einem langen und ernsten Kampf um die Zone machte, der alle Fähigkeiten eines Intelligenzwesens auf die äußerste Probe herauslocken mußte. In dieser merkwürdigen Schmiede würde aus einer Urstufe etwa des Heidelberger Menschen, über deren geographische Herkunft selbst wir nichts aussagen wollen, zunächst der Neandertaler überhaupt herausgearbeitet worden sein. Von dieser nordischen Neandertalstufe hätte dann aber, ihre Höhe einmal erreicht, auch schon Breitenwachstum stattgefunden, dergestalt, daß in der ungeheuren Zeitepoche, die diese Station der Kultur offenbar im Norden umfaßt hat, immer auch nach Süden Menschenströme davon abgeflossen wären, Neandertalkultur weit in die Tropen und bis zur Südhalbkugel tragend. Vielleicht stießen diese wandernden Neandertaler dort noch auf vielfältig erhaltene, in den Tropen unverändert gebliebene Heidelberger Menschen oder noch ältere Vorstufen, die sie damals rasch vernichtet haben mögen. Bis nach Australien möchte eine solche äußerste Wanderung gegangen sein, etwa über Indien und Celebes. Gerade hier setzte sich eine äußerste Vorpostenreihe in verhältnismäßig glücklich abgeschlossener Lage besonders fest. Ihre Kulturentwicklung stieg aber nur noch unbedeutend dort weiter, gelähmt von jenem geographischen Gesetz. Wir erinnern uns, wie gerade in diesem merkwürdigen, weltabgeschiedenen Australien schon einmal Jahrmillionen früher ein ganzes Stück urweltlicher Tierwelt (Schnabeltiere und Beuteltiere) so zum Asyl, aber auch zum Entwicklungsstillstand gekommen war, eine Tierreliquie, die jetzt diese einwandernden Altdiluvialmenschen noch vorfanden, wie wir heute die Australier selbst als Reliquie der Neandertalzeit entdecken. Nur dieser äußersten Station wäre jedenfalls Dauer beschieden gewesen: sonst überall im Äquator- und Südgebiet der Erde wären die ausgeschwärmten Neandertaler von späteren, neu von Norden abfließenden Breitenwassern der Menschheit wieder überschüttet und für das heutige Bild begraben worden. Besonders Afrika scheint noch in der Folge solche mehrfachen Überflutungen durch Völkerwanderungen von Nord nach Süd deutlich genug zu machen.

Es ist keine Frage, daß sich die Gedankengänge auch so durchführen lassen, und zwar mit mancherlei Wahrscheinlichkeiten. Natürlich aber muß dazu gesagt sein, daß es sich vorläufig nur um lauter vage Konstruktionen, ob so, ob so, handeln kann. Erste Anhalte könnten erst wirkliche fossile Neandertalfunde in anderen Erdteilen geben. Von wie hohem Interesse würde eine erste Entdeckung dieser

Art im tropischen Afrika oder in Südamerika sein! Sehr schwierig bliebe freilich auch dann zunächst wohl noch die Unterscheidung, ob wir in solchem Neandertaler den leiblichen Vorfahren etwa des heutigen Buschmanns in Afrika vor Augen hätten oder bloß den Vertreter einer älteren, von Norden abgeströmten Menschenwanderung, den eine spätere, aus der gleichen Richtung kommende Menschenwelle schon vorfand, vernichtete oder durch Vermischung aufsog, während das echte Entwicklungszentrum, das beide Wellen geschaffen, weit davon fern im Norden lag. Man muß sich den Blick freihalten für die verschiedenen theoretischen Möglichkeiten — mehr läßt sich zurzeit nicht geben.

Inzwischen fordert unsere engere prähistorische Betrachtung ja nur, daß wir in diesem Norden selbst zunächst einer hier offensichtlich aufwärts führenden Spur nachgehen. Es wirkt indessen fast drollig, wie gerade der erste Schritt weiter uns auch da zunächst noch bei einer ganz ähnlichen Wanderfrage hält. Indem wir in die obere Stufe der Diluvialkultur jetzt eintreten, deren Mittelpunkt im Sinne des alten Mortilletschen Schemas das „Magdalenien" bildet, gewahren wir besonders in den klassischen französischen und noch südlicheren Fundstätten ganz zweifellos nochmals einen gewissen Fortschritt der Kultur. Allerdings liegt im grundsätzlichen Sinne nirgendwo eine eigentliche harte Stufe darin, ein jäher Umschwung. Man sieht wohl auf allerlei feinere Zeichen, behält aber vom Kulturboden allein aus doch das Gefühl, es könne hier etwas Zufall mitspielen, der uns an jenen besten Fundstellen sozusagen gerade einmal die „gute Stube" der schon bisher bestehenden Kultur habe aufdecken lassen. Das ist ja gewiß in einer so endlos langen Epoche, wie der Neandertalischen, so gewesen: daß man hier lokal ein Stück weiter zurück war und dort schon geschickter die Sachen machte; man muß nur an den erwähnten Abstand von Chelles und Taubach in der Produktion von Steinkeilen denken. Auf jeden Fall würde man kulturell zwischen der letzten Neandertalerhöhe und den Leistungen der Magdalenienperiode den allergelindesten, behaglichsten Übergang vermuten, wenn sich hier wirklich zwei Kulturepochen als Nacheinander der Entwicklung sondern sollen.

Entscheidend wird aber nun an dieser Wende eines, falls es absolut sicher sich belegen läßt: das ist nämlich, daß wir es im Magdalenien bei den europäischen Kulturträgern schon nicht mehr mit Neandertalern, sondern dem Skelettbau nach bereits mit unzweifelhaft echten „modernen Menschen", das heißt einer echten Europäerrasse im heutigen Sinne, zu tun haben sollen.

Die beiden Hauptfragen, die sich hier ergeben, sind: erstens, ist es wirklich so? Und zweitens, wenn es so ist, haben wir, wie bei der Kultur, so auch bei den Knochenresten Übergänge vor Augen, die von den Neandertalern zu dieser höheren Rasse wenigstens bei uns in Europa deutlich im Sinne einer ununterbrochenen Entwicklung hinüberleiten — oder kann es sich auch hier um eine Einwanderung, unbekannt zunächst woher, vielleicht aber aus einem andern geographischen Gebiet der gemäßigten Zone, handeln, in der ein anatomisch vorgeschritteneres Volk bei uns die Neandertaler überflutet und ersetzt hätte? Beide Fragen lassen sich, wenigstens meinem Gefühl nach, leider noch nicht so ganz sicher beantworten, wie man es wünschte. Es ist eine eigenartige Antwort auf den zähen Virchowschen Zweifel in der Neandertalfrage, daß wir wirklich heute schon viel besser und sicherer den Neandertalmenschen als diluviales Faktum beschreiben können als das, was die Virchowsche Schule als beinahe selbstverständlich ansah: nämlich den spätdiluvialen Echteuropäer mit nicht neandertalhaftem Knochenbau.

Als Hintergrund des Bildes mischen sich in dieser Epoche noch einmal ganz besonders auffällig die verschiedenen Hauptstimmungen des Diluviums. Wir sehen auf die Steppe, die von ungezählten Herden flüchtiger Wildpferde, Verwandten unserer heutigen zentralasiatischen Przewalskipferde, durcheilt wird. Wir sehen wieder an den Gletschermoränen in der Tundra Mammute und Pelznashörner auftauchen. Mehr und mehr macht es dann den Eindruck, als wechselten diese Milieus, die früher wohl in langen Intervallen einander folgten, so auffällig rasch und ohne allzu große Stärke im einzelnen, daß die Landschaftsbilder sich vermischten. Der Altelefant, das Mercksche Nashorn, das Flußpferd kehren zwar endlich gar nicht mehr zurück, dafür leben aber Mammut und Pelznashorn in großen Massen mit in die echte Steppe hinein. Das Rentier wird allmählich ein allgemeines Charaktertier, das durch allen Wechsel durchzuhalten scheint. Alles spricht dafür, daß dieser letzte rasche, aber nicht mehr tiefgreifende Szenenwechsel das eigentliche Ausklingen der ganzen Eiszeit bedeutete. Penck hat wieder mehrere Stadien mit besonderen Namen innerhalb seiner letzten Eiszeit unterschieden, die wohl zu diesem Gesamtbilde am besten passen. Das Ende des eigentlichen Diluviums macht sich eben geltend. Aus den Kulturspuren selbst läßt sich noch

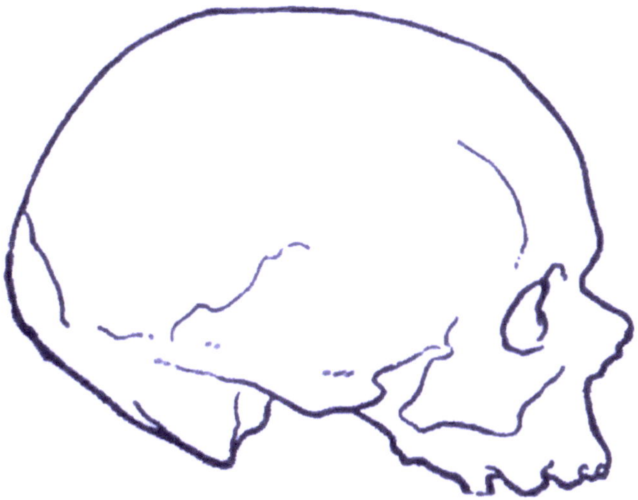

Abb. 10. Schädel der angeblichen spätdtluvtalen Menschenrasse von Cro-Magnon. Die typischen Anzeichen des Menschen vom Neandertal sind hier bereits verschwunden.

entnehmen, wie auch' das Mammut zuletzt seltener wird, wie der Wisentstier sein Gebiet mehr und mehr erobert, also das große Jagdtier, von dem noch bei der historischen Invasion der Römer die germanischen Urwälder wimmelten. Nach wie vor als Jäger auf all diese Tiere, nur wohl als immer planmäßigerer, erscheint uns der Magdalenienmensch. Immer tiefer sind jetzt, am Ende so vieler Vergletscherungen und reißend wieder abbrausender Schmelzwasser, die Höhlen überall im Kalkfels ausgewaschen. Immer intensiver benutzt sie dieser Mensch, so daß sich jetzt im höchsten Maße jene Kulturschichten dort ablagern, die ich oben als wahre prähistorische Museen bezeichnet habe. So bunt, so merkwürdig wird diese Kultur hier allmählich in ihren Hinterlassenschaften, daß es wohl die stärkste Zumutung war, die unsere langsam erstarkende prähistorische Forschung seit Bouchers erstem Sieg an ihre Jünger gestellt hat: an diese Periode der Magdalenienkultur wirklich im ganzen Umfang ihrer Leistungen zu glauben. Wie aber steht es vor diesem Horizont nun mit der Gestalt dieser spätdiluvialen und letztdiluvialen Menschen selbst?

Im Jahre 1868 wurden beim Bau der Eisenbahn in Cro-Magnon in dem öfter jetzt schon erwähnten Vezèretal Knochenreste, besonders drei Schädel, von Menschen entdeckt, die der ganzen Lage nach von ihrem Entdecker Lartet für echte Magdalenienmenschen gehalten wurden. Sie lagen unter einem jener Auswaschungsbalkone verschüttet über unzweifelhaften Kulturresten des Magdaleniens. Was die Knochen zeigen, ist außer jedem Zweifel. Sie gehören starken, hochgewachsenen, schönen Menschen an mit einem ausgesprochenen europäischen Kulturkopf, ohne Augenbrauenwülste, mit gutem Kinn — in jeder Faser sind es keine Neandertaler. Wenn ihre Schädel noch Schädel von Diluvialmenschen sind, so war die europäische Rasse im Sinne der ganzen Folge damals schon in allem Wesentlichen fertig. Der Mensch dieser zweiten, späten Diluvialepoche stand im äußersten körperlichen Gegensatz zu dem der ersten, älteren Epoche.

Gabriel de Mortillet selbst hat aber diese Reinheit der Sache bestritten. Nach ihm handelte es sich um eine Begräbnisstätte aus zwar vorgeschichtlicher, aber nicht mehr diluvialer Zeit, bei der bloß zufällig die alte Magdaleniennische noch einmal wieder benutzt worden war. Solche Vorfälle sind natürlich allgemein möglich. Auch der erste echte Neandertalschädel stand einmal im Verdacht, von einem modernen Kosaken zu stammen, der in der betreffenden Höhle sich verkrochen habe und dort gestorben sei. Mortillet ist aber mit seinem Zweifel so wenig durchgedrungen wie die Virchowsche Schule dort mit ihrem.

Im Jahre 1872 wurde in Laugerie basse, ebenfalls im Vezèretal, in einer durch gewaltsame Felsstürze zusammengeklemmten Schicht aus diluvialen Tierknochen und Kulturresten des Magdalenien ein Skelett geborgen, das den gleichen Typus vertrat. Ein entsprechender dritter Fund stammt aus Brantôme in der Dordogne, und ein halbes Dutzend andere schließen sich seither an. Es hält schwer, zu schwer, hier überall an fatale Witze des Sammlerkobolds zu glauben, der falsche Karten unter die echten gemischt hätte. Im großen und ganzen ist die Stimmung der Sachkenner heute also dafür, hier eine wahre diluviale Rasse, die dann eben die des Magdaleniens selber sein müßte, anzuerkennen. Die Rasse von Cro-Magnon ist der hergebrachte Name nach dem ersten Fall. In der sogenannten „Kindergrotte" des „Roten Felsens" bei Mentone an der Riviera ist nicht nur ein Skelett geborgen worden, das ebenfalls dieser Rasse entsprechen würde, sondern auch zwei Gerippe von nicht neandertalhaftem Habitus, aus denen man hat schließen wollen, es sei auch der afrikanische Schwarzentypus damals schon fertig gewesen, und es habe hier schon eine vorübergehende Invasion solcher Afrikaner in Südeuropa stattgefunden; diese Dinge sind aber noch problematisch.

Das ist wieder ungefähr der einfache Sachverhalt, wie er heute für jene Grundfrage vorliegt. Man möchte gern noch etwas glänzendere Beweise haben, wird im ganzen aber doch, wie die Dinge zurzeit stehen, die Lehre von der Cro-Magnon-Rasse akzeptieren müssen als das augenblicklich Wahrscheinlichste. Probiert ist nun auch schon vielfältig worden, einen direkten Übergang des Neandertalertypus in diese Rasse auf europäischem Boden nachzuweisen.

Nach dem Schema Mortillets würde für diesen Übergang etwa das Solutreen in Betracht kommen. Wie schon erwähnt ist, wurde für diese Bezeichnung eine höchst eigenartige Fundstätte unfern Lyon ursprünglich maßgebend. Dort liegen bei dem Örtchen Solutré unter einem 350 Meter hohen Felsabsturz ungeheuerliche Massen diluvialer Wildpferdknochen, vermischt mit menschlichen Werkzeugen und Waffen, unter denen jene kleinen, ganz besonders hübsch gearbeiteten Feuersteinspitzen von der beiderseits zugespitzten Form eines Lorbeerblatts von jeher besonders die Aufmerksamkeit auf sich gezogen haben. Die Zahl der Exemplare der Pferde, die in dieser „Schindergrube", wie das Volk den Ort nannte, angehäuft liegen, zählt nach Vierzigtausenden und mehr. Prähistorische Menschen müssen hier geradezu geschwelgt haben in Pferdebeute. Man hat daran gedacht, daß sie vielleicht nach der Art, wie Raubtiere mit flüchtigem Wild wohl verfahren, immer wieder Pferdetrupps den Grat hinaufgescheucht und an dem plötzlichen Steilabfall zum Sturz gebracht hätten. Irgendeine besondere Gelegenheit muß jedenfalls mitgespielt haben. Wenn es nun auch wirklich nicht gut angeht, bloß auf die zufällig hier besonders beliebte Form der Feuersteinspitze hin eine ganze diluviale Kulturstufe abgrenzen zu wollen, so gibt es doch einen geologischen Zug, der diese Pferdestation von Solutré in der Tat einigermaßen charakterisiert und mit einer engeren Anzahl spätdiluvialer anderer Fundstätten in ein einheitliches Sonderbild bringen könnte. Wir befinden uns hier nämlich im Rhonetal (in der berühmten französischen Weingegend) geologisch im typischen Löß, jener lockeren (daher rheinisch „Löß", von lose) Staubablagerung diluvialer Steppen. Der Löß ist aber über unseren Erdteil weithin heute noch so verbreitet. Nach Pencks Schema würde nun seine hauptsächlichste Bildungszeit in die letzte Zwischeneiszeit fallen, also ungefähr gerade dahin, wo wir den Übergang zur Cro-Magnon-Rasse eventuell suchen müßten. Wo der Mensch ausgesprochen gerade im Löß auftaucht, wäre er auf diesen Punkt zu sondieren, und es möchte sein, daß sich mit diesem Gedanken doch eine Art „Solutreen" als wichtige Stufe dann heraussondern ließe.

Solutré selbst hat nun zwar Menschenskelette geliefert, die aber in ihrer Zugehörigkeit zu dem echten Löß- und Pferdehorizont dauernd bestritten sind und jedenfalls nichts zu der Sache geben. Dagegen hat man andere reiche Kulturfundstätten im echten österreichischen Löß aufgedeckt. Predmost bei Prerau in Mähren ist der berühmteste Fleck.

Der Löß liegt hier viele Meter dick gehäuft, und noch zur Zeit seiner Ablagerung muß hier eine eigentümliche Mischtierwelt die Staubsteppe bewohnt haben, neben den Wildpferden, wie in Solutré, das Mammut und Pelznashorn, der Moschusochse und der Eisfuchs, das Rentier und der Schneehase; es tritt ersichtlich schon jene erwähnte charakteristische Verquickung der Faunen hier ein, die spater für das ganze Magdalénien so kennzeichnend ist. Im Penckschen Schema hätten wir sie hier aber schon vor Beginn der letzten Eisschwankungen. In einer bestimmten oberen Lößschicht dort sieht man jetzt unzweideutig genug, wie auch der Mensch hier mächtig gewirtschaftet hat. Feuerstelle reiht sich da an Feuerstelle, Tiere sind hier in Massen abgebalgt worden, ihre Knochen sind auf Mark zerspalten, ihr Fleisch ist gebraten worden. Das hauptsächlichste Ausbeutungsobjekt war gerade der uns fremdartigste, damals noch überlebende Geselle, das Mammut. Wie in Solutré für Pferde, so muß hier für die riesigen Mammute eine wahre Schlachtstätte gewesen sein, die offenbar auch ihr örtliches Geheimnis hatte. Jedenfalls bekommt man vor solchen Katakomben einen Begriff, in was für einer Weise schon der Diluvialmensch unter der Tierwelt von damals aufgeräumt hat, gleichzeitig aber auch: was für Tierschwärme, zum Teil von Kolossen, damals Europa belebten. Tibet, wie es Sven Hedin schildert — wo heute auch noch Staubstürme mit Schneestürmen wetteifern, und doch unglaubliche Tiermassen ausdauern — gibt wohl das beste Vergleichungsbild. Allein über zweitausend Backenzähne vom Mammut sind aus der Predmoster Herdfeuerschicht geborgen worden. Diluviale Menschenhand hatte die Elefantenknochen vielfach schon hübsch sortiert, die einzelnen Skeletteile vieler Exemplare je in Haufen für sich. Und dabei war die Fundstätte, als Gelehrte sich mit ihr zu beschäftigen begannen, schon seit langen Jahren wegen ihres Knocheninhalts landwirtschaftlich abgebaut worden: zermahlene Mammutgebeine hatten als Felddüngung gedient!

Eine Weile schien es allerdings, spät nach erfolgter Entdeckung, noch einmal, als solle der eigentliche prähistorische Wert des klassischen Flecks durch eine überfeine kritische Gelehrtenerfindung diskreditiert werden. Der hochverdiente alte Steenstrup hatte als Sachkenner herausgetüftelt, es könnten hier auch wohl Menschen einer Zeit, die kein lebendes Mammut mehr besaß, damals schon uralte Eiskadaver solcher Mammute aus Schmelzeis nach Art der heutigen sibirischen Jäger ausgegraben und als Aasfleisch verzehrt haben — eine allerdings wesentlich bequemere Verproviantierungsform als gefährliche Jagden auf die lebenden Tierriesen. Die Idee war zu sinnreich, um nicht Anhänger zu finden, und Virchow meinte auf sie hin, nun sei wieder jede Sicherheit zerstört, daß der Mensch wirklich noch auf Erden mit dem Mammut zusammen gelebt habe. Sie war indessen auch nur ein Blendfeuer, das nicht gehalten hat. Das echte Zusammenleben von Mensch und Mammut ist an so und soviel anderen Stellen heute durch untrüglichste Zeugnisse erhärtet, und die Predmoster Situation ist selbst seither so genau geklärt worden, daß jeder Zweifel am „frischen Wild" auch hier schwinden mußte.

Gerade in Predmost sind nun auch menschliche Skelettspuren gefunden worden, die in der Tat jetzt auf eine Rasse gedeutet worden sind, in der gleichsam die Merkmale des Neandertalers (zum Beispiel sein Kinnmangel) eben im Abklingen gewesen wären. Wir hätten also so etwas wirklich hier wie einen Übergang. Es ist möglich, daß sich mit weiteren Lößfunden auch die Sache so klären könnte. Doch kann man gegenwärtig noch nicht sagen, daß sie spruchreif wäre.

So viel zur Rassenfrage der späteren Diluvialepoche. Kehren wir jetzt zu dem prachtvollen Kulturmaterial zurück, das diese Epoche auf jeden Fall uns hinterlassen hat, so entschädigt hier für die Unsicherheit dort ein ganz besonderes Ressort dieses Materials, das uns bisher nicht entgegengetreten ist, nun aber geradezu den Mittelpunkt bilden muß. Was immer die Folge noch einmal vom anatomischen Bau des Magdalenienmenschen uns enthüllen mag: sie wird etwas nicht mehr verrücken können, was uns in allererster Linie diesen Menschen gegenüber der ganzen übrigen prähistorischen Welt interessant und lieb macht. Bei diesem immer noch so fernen, in fernem, seltsamem Milieu schattenhaft Verschwimmenden Menschen tritt uns eines plötzlich mit geradezu verblüffender Kraft entgegen: der Mensch war schon in der Diluvialzeit selbst nicht bloß der erfolgreiche Robinson einer in ihrer schlichten Art doch bewundernswürdigen

Technik, er hatte sich nicht bloß die Anfänge sozial-ethischen Daseins erkämpft, er lebte nicht bloß schon in den dunkel tastenden Dämmerungsversuchen nach allgemeinerer Weltdeutung, wie sie die Wurzel der mythenbildenden Religion wie auch der Philosophie und Forschung bilden — sondern er hatte sich auch schon erhoben zur Stufe der Kunst.

Die „Steinzeit", in der wir auch im Magdalénien noch durchaus bleiben, ist, wie ich schon einmal erwähnt habe, nicht so aufzufassen, als wenn die ganze Werktechnik der Menschen sich hier bloß um Steine als einziges Material drehte. Stein soll nur den Gegensatz zum Metall ausdrücken. Im übrigen ist klar, daß, wer so weit ist, Steine zu benutzen, auch Holz, Muschelschalen, Knochen, Hirschhorn bei passender Gelegenheit nicht verschmähen wird. Wenn prähistorischen Leuten gerade ein Jagdtier so massenhaft zur Beute wurde, wie der Mammutelefant, der die kolossalsten Stoßzähne führte, so lag nahe genug, daß Elfenbein für sie ein gebräuchliches Mittel wurde. Das beste „Materialtier" der eigentlichen Magdalenienzeit ist aber offenbar das Rentier gewesen, dieser einzige Hirsch, der noch heute ein ausgesprochener Freund arktischen Klimas ist und in den seltsamen klimatischen Mischverhältnissen gerade des Ausgangs der Eiszeit tief bis nach Südeuropa hinein ein so günstiges Gebiet gefunden haben muß, daß er direkt Charaktertier wurde und sich jedem Jägersmann geradezu aufdrängte.

Uns ist das Rentier heute nicht mehr bloß Jagdtier. Wir sehen es in hohen Breiten gegenwärtig auch in Symbiose (Zusammenleben) mit dem Menschen. Unentbehrlich, da es lebend und tot das wertvollste Inventarstück seiner menschlichen Genossen, eine Art wandelnden Waren- und Nutzmagazins für die wichtigsten Lebenszwecke, darstellt, ist es zum Haustier des Menschen geworden. So eng und friedlich dürfen wir uns ja nun die Dinge für die Diluvialzeit nicht denken. Der Begriff eines „Haustiers" ist an sich zwar wieder nichts so ganz Außerordentliches in der Natur. Schon Ameisen hegen Blattläuse ganz so als Haustiere wie wir unsere Kühe. Gleichwohl haben wir keinerlei Anhaltspunkt dafür, daß der Mensch auf seiner echten Diluvialstufe schon ein Haustier wirklich besessen habe. Nicht einmal den Hund, der ihm den Anschluß doch sicherlich am leichtesten gemacht hat, hatte er gewohnheitsmäßig bei sich. Die Eisfüchse liefen ihm nach, wenn er, wie in Predmost, Mammutschlachten hielt, und die Schakale folgten ihm als Jäger, wie sie dem Löwen nachtrappeln, um sich ein Stückchen Beuteabfall, der Kleine von der Tafel des Großen, zu erräubern. Der Weg der Zähmung des Hundes ist später sicherlich ganz glatt über solchen freiwilligen Anschluß gegangen, bei dem der Jäger schließlich den Nutzen des Gesellen für das Verfolgen von Wildfährten, der Höhlen- und Zeltbewohner den Segen des Bellers in der Nacht, des Warners und Signalgebers schätzen lernte. Aber noch in all den reichen Magdalenienfundstätten fehlt jedes leiseste Anzeichen für den gezähmten Hund und ebenso für das zahme Pferd, Rind oder Schwein. Der Begriff des Haustiers fehlte als menschliche Neuerfindung noch, obgleich die Wildformen dieser späteren Freunde sich überall vor der Tür in Wald und Steppe schon Herumtrieben und die besten Jagdobjekte bildeten. So also auch das Rentier. Daß gerade dieses Rentier aber, abgesehen vom Braten, ein Arsenal ersten Ranges für die Werkzeugtechnik mit Fell, Knochen, Geweih sei, wußte man offenbar längst.

Indem man den geschärften Stein nur als Messer nahm, das Rentiermaterial aber als Grundstoff, schnitzelte man aus letzterem jetzt die schönsten Nadeln, Pfriemen, Speerspitzen, Dolche, Harpunen und was sonst nicht alles. In dieser Technik ist die ganze Magdalenienzeit unbestritten Meister. Die eigentliche Steintechnik tritt geradezu in ihr in den Hintergrund, sie beschränkte sich für ihren Stoff immer mehr auf kleine, feine, möglichst handliche Schnitzmesser. Der Typus dieser (immerhin an sich ja doch wieder höchst vollkommenen) Steinmesserchen hat einst bei der Aufstellung des ganzen Magdalenien den Ausschlag gegeben, er wird aber als wirklicher Fortschritt der Gesamttechnik eben nur verständlich, wenn man sieht, wie er dieser ganzen Epoche wesentlich nur wieder Mittel zum Zweck in der genialen Rentiertechnik war.

Voraussetzung des Ganzen war aber der Überfluß an Rentiermaterial selbst, wie er so keiner Kulturepoche Gesamteuropas weder vorher noch nachher zur Verfügung gestanden hat. Immerhin scheint es, daß die Magdalenienjäger gelegentlich doch ihrem lebendigen Arsenal etwas nachlaufen mußten. Das Rentier ist wohl sicher trotz aller Vermischungen dieser Epoche seiner eigentlichen Neigung nach ein Tundrafreund gewesen, der nicht der eigentlichen Steppe, sondern lieber den Gletschern nachzog.

Dorthin sehen wir es also den Menschen nachlocken, und in dieser Situation tauchen Magdalenienmenschen bei uns aus deutschem

Boden an der Schussenquelle bei Schussenried in Schwaben sehr anschaulich auf.

Nicht leicht kann eine so entlegene Welt uns noch einwandfreier zugleich und landschaftlich greifbarer vor Augen treten als hier. Beim Durchspalten der aufgelagerten jüngeren Schichten erschien, durch zufälligen Luftabschluß gerettet, geradezu noch der diluviale Tundraboden selbst mit seinen (heute grönländischen) Moosen, und unmittelbar in diesem Pflanzenpolster kamen die Kulturreste zutage: in erster Linie bearbeitetes Rentiermaterial selbst, bei dem alle Stadien vortreten, vom frisch zersägten und gebrochenen Geweih bis zu jenen

Speerspitzen, Harpunen und Dolchen aus verwertetem Horn. Was aber auffällt, ist noch zweierlei. Beides beginnt eigentlich schon bei den Mammutjägern vom Predmoster Löß, war also zweifellos damals bereits längst geübter Brauch. Rentierstangen sind wiederholt in einer regelmäßigen Weise mit Kerbstrichen versehen. Was das eigentlich ausdrücken soll, ist an sich nicht ganz deutlich. Man hat an Merkstriche für Zahlen, vielleicht die Anzahl erlegter Tiere, gedacht, etwa in dem Sinne, wie Studenten ihre Semesterzahl in den metallenen Deckelrand ihrer Kommersseidel einkerben. Es könnte sich aber auch um Anläufe zu Verzierungen handeln. Jedenfalls sieht man, daß das Hornmaterial auch schon ganz leise einmal einem andern Zweck zugeführt wird als bloß dem, einen Dolch oder eine Speerspitze zu geben.

Dann findet sich roter, aus Eisenstein gewonnener Farbstoff, genau wie in Predmost. In Predmost liegen sogar verschiedene Farbpasten in viel zu auffälliger Menge, als daß es sich um einen Zufall handeln könnte. Die Leute müssen etwas bemalt haben. Wir denken an Robinsons Freitag und seinesgleichen: nackte Wilde von heute, die sich gewohnheitsmäßig den Körper mit allerhand bunten Farbstoffen beschmieren. In manchen Fällen dient das zweifellos einem gewissen Schutz. Man kennt den Satz, daß Dreck warm hält. Wirksamer aber noch ist solcher Brauch gegen die scheußliche Bremsen- und Mückenplage. Der Elefant pudert sich auch dagegen schon mit Staub ein. Gerade die Tundra ist aber noch heute das ärgste aller Mückennester, die diluvialen Tundrajäger mögen also schon reichliches Bedürfnis nach solchen Schutzkrusten gehabt haben. Die Technik wiederholt hier einmal wieder etwas, was wahrscheinlich an anderen Stellen die Naturzüchtung selber schon dauernd über den Leib ge-

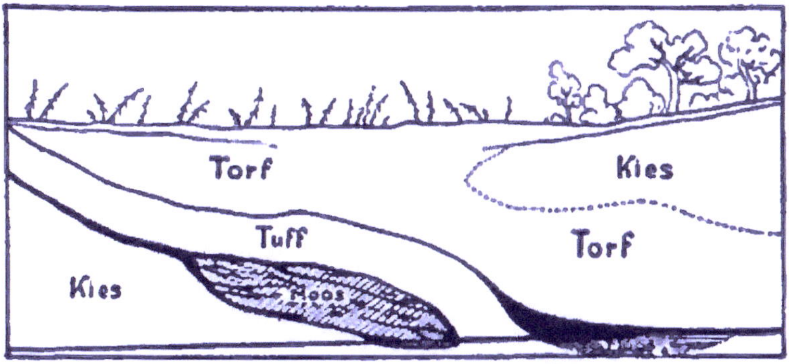

Abb. 11. Querschnitt durch die Fundstelle an der Schussenquelle . Die Kulturreste lagen i.d. Moosschicht. (Nach Fraas.)

malt hat: es spricht nämlich viel Wahrscheinlichkeit dafür, daß die schwarze Hautfarbe der tropischen Schwarzenvölker schon ein solcher Schutz ist, eine dunkle Pigmenteinlagerung, gleichsam eine innere Durchfärbung, Durchschmutzung der Haut, die gegen bestimmte Infektionen feit.

Die Frage des künstlichen Hautanstreichens berührt aber gleich noch ein anderes interessantes Gebiet. Zum Anmalen gehört nackte Haut. War der Mensch damals schon nackt im Sinne einer nicht mehr affenhaft behaarten Haut? Und wie weit ging das bereits zurück? Wie war es damit bei den Neandertalern? Die Menge wirklich hübsch gearbeiteter, durchaus zweckentsprechender seiner Knochennadeln mit Osen, die sich an den Kulturstätten des Magdaleniens finden, die ebenso deutliche Existenz ungezählter Schabinstrumente dort weift nur zu deutlich wenigstens für diese spätere Epoche auf Herstellung und Benutzung schon von Fellen zu Kleidungsstücken hin. Das Rentierfell bot sich ja auch da als Material üppig dar, und die Kälte gab genügenden Anlaß zu dieser einfachen Kombination, gesetzt, daß der Tundrajäger gleich uns schon am eigenen Leibe kein Fell mehr angewachsen hatte. Wenn aber die Menschen der Cro-Magnon-Rasse schon so schöne moderne Rassenschädel hatten, dann will auch aus allgemeinen Gründen nicht mehr ein, daß sie noch ein echtes tierisches Haarkleid, wie es doch keine lebende Menschenrasse mehr führt, besessen hätten. Man wird an die Sachlage der heutigen Eskimos in diesem Punkt denken müssen: draußen, wenigstens in kalten Perioden, lokal und jahreszeitlich kalten Verhältnissen Fellschutz, in den künstlich gewärmten Höhlen am Herdfeuer dagegen

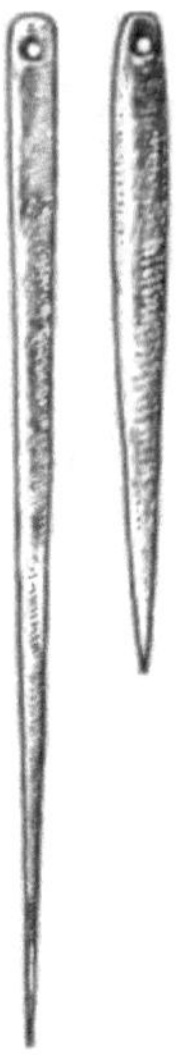

Abb. 12. Nähnadeln der spätdiluvialen Kultur des Vezèretals, aus Knochensplittern verfertigt

Nacktheit durch Entkleidung. Das war die bequemste Form für beide Milieus, wie sie Natur und Kultur gewährten. Im allgemeinen wird immerhin die Abhärtung auch draußen noch eine starke Rolle zugunsten von mehr Nacktheit gespielt haben. Umgekehrt wird aber in die häusliche und sonstige Nacktheit früh schon der Begriff der „erotischen Nacktheit" hineinzuspielen begonnen haben: der Wunsch, gewisse Körperteile auch da, wo es sich um Wärmeschutz nicht mehr handelte, ans sexuellen Gründen einer gewissen Abwechslung von Verhüllung und (im Kontrast dann besonders wirksamer) Enthüllung zu unterwerfen — ein Weg, der zu der besonderen Erscheinung der Bedeckung der Geschlechtsorgane, zur Ausbildung des Schamhaftigkeitsbegriffes geführt und endlich bei den dauernd bekleideten Kulturvölkern dem ganzen Bekleidungsbegriff eine andere Stimmungsfarbe aufgedrückt hat.

Viel schwieriger wird die Frage der Nacktheit oder Behaarung dagegen, je weiter wir auf die Neandertaler zurückgehen, weil hier das Problem auftaucht, warum der Mensch überhaupt nackt ist. Ans ihren Kulturspuren heraus sehe ich keinen triftigen Gegengrund, warum nicht auch die Neandertaler etwa von Krapina oder Le Moustier sich schon Fellkleider hergestellt haben sollten, soweit sich im Klima der Winter einer gemäßigten Zone, in den Schneestürmen der Steppe oder gar in der zeitweisen polaren Tundra dazu Anlaß bot. Das Problem aber, warum der Mensch überhaupt zu irgendeiner Zeit seiner Bildung nackt, das heißt ohne eigentlichen wärmenden Säugetierpelz, dastand, also Bedürfnis nach fremder Felldecke empfand, ist gegenwärtig ein mit völlig ausreichenden Gründen wieder einmal nicht zu lösendes.

Hergekommen ist der Mensch sicherlich von richtig bepelzten Tieren. Tropenklima kann ihn unmöglich nackt gemacht haben, denn die Säugetiere der Tropen sind (soweit sie nicht enge Beziehungen zum Wasser oder ähnliche, den Menschen nicht treffende Sonderbedingungen besitzen) bis zu den Menschenaffen hinaus dick bepelzt. Der nackte Wilde in den Tropen erscheint neben der Tierwelt dort stets wie ein nachträglich wieder entkleidetes Wesen. Man hat nun an eine ursprüngliche Korrelationserscheinung gedacht, die in der speziellen Entwicklung des Urmenschenwesens schon gelegen hätte. Korrelation heißt in der Entwicklung, wenn ein Organ sich in einer Zweckanpassung verändert, dabei aber auf Grund eines inneren Zusammenhangs ein anderes zu diesem Zweck indifferentes irgendwie mit verändert wird. Das Gehirnwachstum des werdenden Menschen könnte also etwa einen starken Haarschwund in dieser Weise korrelativ nach sich gezogen haben, mit dem sich der Mensch dann nachher in den kalten Gegenden eben darin auseinandersetzen mußte, daß ihm dieses Gehirn die Fähigkeit verlieh, sich künstliche Kleider zu schassen. Einen bestimmten Anhalt gerade für solche Korrelation hat aber die Theorie nicht, sie muß vielmehr eine erfinden zum Zweck; also Hypothese, die mit Hypothese genährt wird!

Eine andere Erklärung möchte die Nacktheit erst aus den Anfängen der Kultur selbst hervorgehen lassen. Der menschliche Naturpelz hätte bis in die früheste Kulturzeit, etwa über die ganze ältere Eolithenperiode fort, noch angedauert. Die zunehmende Abkühlung der gemäßigten Zone hätte dann dort den Wunsch nach noch stärkerer Bepelzung entstehen lassen. Bei nackten Tieren dieser Zone (wie Mammut und Nashorn) wurde — wohl langsam durch direkte Naturauslese — ein Pelz jetzt angezüchtet, bei schon bepelzten die Pelzdichte verstärkt. Der Mensch hätte diesen Naturprozeß bei sich aber in dieser Lage lange vorher schon überholt durch Benutzung fremder Felle. Und diese Fellkleidung, zur Gewohnheit gemacht, hätte selber am Ende dann das darunterliegende Haarkleid mehr und mehr zum natürlichen Schwinden gebracht. Diese Theorie müßte sich mit jener erwähnten anderen verbinden: daß der eigentliche höhere Heraufgang der Urkultur sich durchaus nur in einer kühlen Zone der Nordhalbkugel vollzogen habe, und daß die Besiedelung der übrigen Erde über die Tropen fort mit Menschen etwa auf der Stufe der Neandertalkultur erst durch ein erneutes Abströmen von Norden her wieder zu deuten sei; schon im Norden wesentlich enthaarte Neandertaler als Einwanderer erklärten dann die heutige Nacktheit etwa der Australier. Obwohl die Wanderungstheorie in diesem Falle ihre eigene Wahrscheinlichkeitskette ins Feld führen darf, bleibt indessen auch hier das einstweilen Lose und Offene der Spekulation. Im einzelnen mag aber der letzte Gedankengang noch Hilfen Her-anziehen, die für sich wieder interessant sind. Einmal die Bekleidung noch vor vollendetem Schwund des Naturpelzes gegeben, könnte ein Faktor hier ausmerzend mitgewirkt haben, auf den zuerst Darwin die ganze menschliche Leibesnacktheit hat zurückführen wollen. In der Höhle, am Herdfeuer, wurde der Pelz ausgezogen. Hier war der Rest des natürlichen Haarsells nun völlig überflüssig, ja lästig. Man könnte sich vorstellen, daß irgendeine künstliche Auslese ihm gerade hier noch entgegengearbeitet hätte. Darwin dachte an eine erotische, geschlechtliche Auslese. Die von Natur am wenigsten behaarten Individuen sollten lange Zeit hindurch bei der Liebeswahl bevorzugt worden sein, bis eine so gut wie körperlich nackte Rasse gezüchtet war. Wer sich für den näheren Ausbau dieser Spekulationen interessiert, findet eine ausführliche Darstellung in meinem Werke „Das Liebesleben in der Natur". In unserem Zusammenhang hier, der immer wieder möglichst den Boden des in sicheren Resten noch Überlieferten behaupten will, ist bei dieser letzten Idee jedenfalls eines, das enger anschließt, wieder rein tatsächlich bedeutsam.

Jenes Beschmieren und Überdecken der Nackthaut mit allerlei farbigen Stoffen, das „Hautbemalen", wie es jene diluvialen Färbematerialien schon so sichtbarlich andeuten, wird von heutigen Wilden keineswegs bloß geübt zu Schutzzwecken. Es dient selber auch Zwecken des „Gefallens". Des erotischen Gefallens vielfach, der Liebesanlockung durch bunte Zier auf der Haut, durch Schmuck. In diesem Falle könnte man sich denken, es sei in jenem Darwinschen Sinne die Nackthaut schon besonders bevorzugt worden als bessere „Leinwand" gleichsam für solche Auffärbung. Bedeutsamerweise sehen wir bereits bei Affen eine Naturzüchtung walten, die nackte Körperstellen im Gesicht, vor allem aber dort an den Geschlechtsteilen bevorzugt, um dann gerade auf ihnen die grellsten roten und blauen Naturfarben zu entwickeln; man denke an den Mandrill. Der Mensch hätte das wieder in seiner Weise fortgesetzt, bloß kombiniert mit seiner Gehirnarbeit und Werkzeugtechnik, die hier künstliches Aufmalen möglich machten. Wie das nun sei: jenes „Gefallen" tritt bei den Körpermalereien unserer Wilden aber nicht bloß in den Dienst der Liebeswahl, es äußert sich überhaupt als eine hier treibende Macht. Das Bunte lockt und reizt, das Auge gleitet mit Wohlbehagen über gewisse Ornamente hin, an bestimmte, selbstgeschaffene Formen und Farbenzusammenstellungen knüpfen sich alle möglichen Assoziationen, ein ganzes großes Stück Lebensbetätigung verlegt sich auf diese Dinge, lebt und webt in ihnen. Mit einem Wort: in das Malen des Wilden mischt sich schon hier das ein, was weit ab von jeglichem Begriff des Schutzes, der Notwehr, des unmittelbaren rohen

Bedürfnisses steht: die große eigenartige Luxusproduktion der Kunst.

In der geographisch nicht allzu weit von Schussenried entfernten diluvialen Kulturstätte von Schweizersbild bei Schaffhausen, die eine noch größere Fülle von Material, wenn auch in verwickelterer Lage, geliefert hat, sehen wir bereits ein ganzes Stück weiter in dieses freundliche Gebiet hinein. Zunächst gewahren wir da noch den Menschen der Vorzeit, wie er seinen Sinn für das Gefällige, das Zierliche, das Hübsche bewährt im Sammeln geeigneter Objekte. In Masse liegen da Stücke Bergkristall, Kügelchen sogenannten Bohnerzes, drollig ausschauende Versteinerungen, blanke Tierzähne, zum Teil offenbar weit hergeholtes Zeug. Genau steht als solcher Sammler der Mensch noch auf der Stufe jener australischen Laubenvögel, die sich ganze Schatzkammern ähnlicher Gegenstände zusammensuchen. Aber die Zähne, die Muscheln sind durchbohrt: es ist durch Einspannen einer Tiersehne schon eine wirkliche Schmuckkette für das Hälschen irgendeines prähistorischen Mädchens daraus gemacht; die Spur des „Werkzeuggehirns", das sogleich doch auch hier einsetzt!

Durchlochte Zehenknochen des Rentiers erweisen sich dem heutigen Versuch als Pfeifen. Noch kann der Zweifler annehmen, es seien nur Signalpfeifen für die Jäger gewesen. Signale geben einander ja schon alle sozial lebenden Vögel und Säugetiere. Warum nicht auch das durch künstliche Werkzeuge vermenschlichen? Aber die Amsel pfeift doch auch bereits zu anderem Zweck als bloß dem des Signals in höchst melodischer Weise. Der Gibbonaffe weiß bereits die Tonleiter zu singen. Warum soll der Mensch das nicht auch schon geerbt und im helfenden Werkzeug hier die echte Flöte, das Musikinstrument, hinzugefügt haben?

Denn als Schnitzerei ist diesmal die ausübende, die schaffende Kunst bestimmt da. An Stelle der einfachen Kerbschnitte im Rentierhorn treten echte herausgeschnitzte Ornamente, in denen wir mit Staunen bereits die gleichen grundlegenden Stilgesetze walten sehen, die von da ab den gesamten Ornamentenschatz der Menschheit bis auf den heutigen Tag beherrscht haben. Wir nennen diese Ornamente „schön", und in diesem Sinne wußten diese Rentierjäger der Magdalenienzeit endgültig auch bereits, was „schön" war.

Schon an dieser Stelle sehen wir solche Verschönerungen durch ornamentale Ziermuster übrigens in auffälliger Bevorzugung ange-

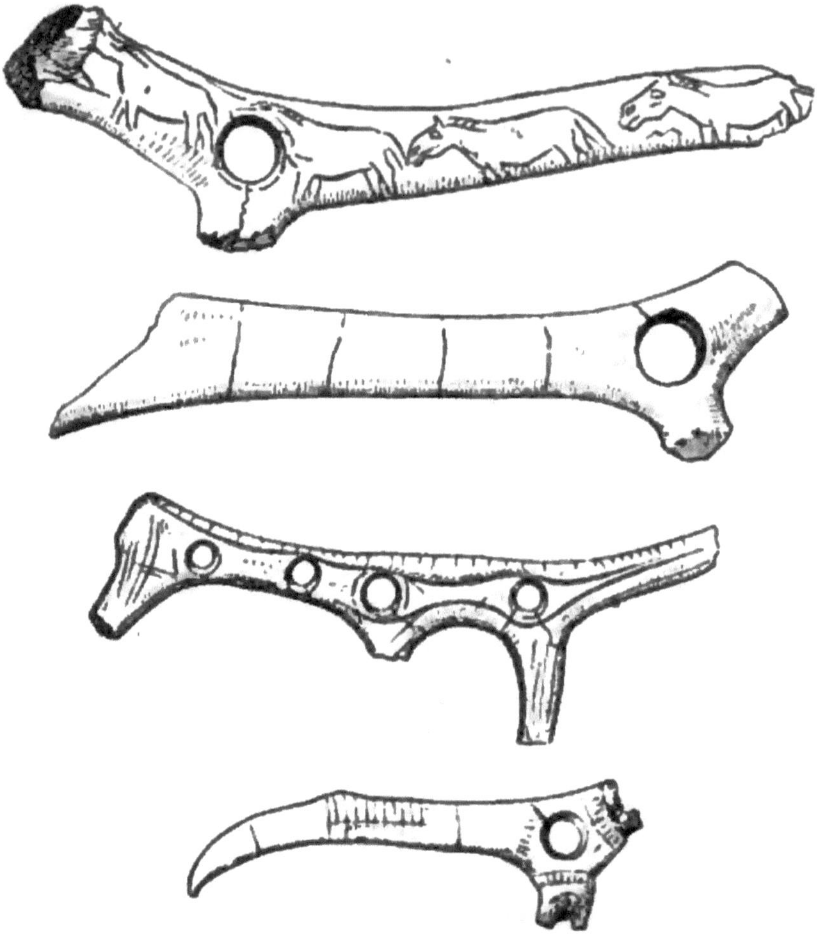

Add. 13. Sogenannte „Kommandostäbe", durchlochte Stäbe aus Rentiergeweih, wie sie sich vielfach an den Stätten spätdiluvialer Kultur gesunden haben. Die Verwertung (Abzeichen der Häuptlingswürde? Zauberstäbe? Brusthalter der Felljacken?) steht noch nicht sicher fest. Vielfach tragen diese Stäbe eingeritzte Tierbilder, z. B. der oberste hier, der aus der Höhle La Madeleine im Vezèretal stammt, die vortreffliche Darstellung diluvialer Wildpferde.

bracht bei eigentümlichen langen Stäben aus Rentiergeweih, in die am breiteren Ende ein großes rundes Loch eingeschnitten zu sein Pflegt. Solche Lochstäbe finden sich in Menge und fast stets in sehr ähnlicher Form (manchmal mit mehreren Löchern) auch in den südfranzösischen Höhlen der Zeit. Die fast strenge, wie konventionell geheiligte Gesamtgestalt und die ganz besondere Liebe, die gerade hier überall auf ihre Verzierung verwandt ist, stempeln diese Stäbe ganz bestimmt zu irgendeinem höchst wichtigen Bestandteil des Kulturlebens von damals. Was für einer es allerdings gewesen sei, ist Streitfrage. Eine ältere Ansicht sieht darin „Kommandostäbe", Abzeichen der Häuptlingswürde. Schoetensack hält sie für die Urform einer Fibel, einen Sicherheitsverschluß am vorne offenen Fellrock, der den Knopf über der Brust ersetzte, indem er mit seinem Loch die beiden Enden einer, Schnur, die im Rock lief, aufnahm und durch Querhölzer zusammengesperrt hielt; mehrere Löcher ließen eine Erweiterung im Sinne einer Spange zu. Eine dritte Lösung denkt an Fetische, Zauberstäbe, womit schon eine frühe Beziehung der Kunst gerade zum religiösen Leben hervortreten würde. Für die letztere Idee läßt sich vielleicht etwas ins Feld führen, was uns aber dann zugleich dem Höhepunkt dessen schon nahebringt, was die „Kunst" dieser Diluvialleute überhaupt leisten sollte. Zu seinem Studium wechseln wir nochmals den Ort.

Im gleichen Schweizer Vorland, wie Schweizersbild, liegt der Fundort Keßlerloch bei Thaingen, ebenfalls im Kanton Schaffhausen. Eine Höhle im Jurakalk, nach öfter hier nächtigenden vagabundierenden Kesselflickern benannt, einst offenbar ein Hauptquartier von Mammutjägern; in der langen Zwischenzeit ist die gleiche Höhle (in der jüngeren, nicht mehr diluvialen Steinzeit) auch einmal von Zwergen bewohnt oder besucht worden, Vertretern einer merkwürdigen, zwerghaften Menschenrasse, die in der Größe an die heutigen Zwergschwarzen Afrikas erinnerte, und deren Vorhandensein in dieser Gegend auch sonst mehrfach durch Skelette beglaubigt ist; so wechseln die Dinge in der Welt.

In seinen echt diluvialen Resten gibt auch dieses Keßlerloch wieder ein ganz famoses Landschafts- und Kulturbild. Eine Lust muß es für tapfere Gesellen gewesen sein, damals auch hier zu jagen. Mammut und Pelznashorn bildeten wieder das Hochwild ersten Ranges; an Masse stand im Vordergrund daneben das Rentier. Aber wie auch diesmal wieder Tundra, Wald und echte Steppe auf engem Raum zusammenstießen, so traten Hirsche, Wildochsen und Wildpferde dazu; am Wasser bauten Biber; der Steinbock war zur Stelle, der heute im Schweizer Hochland gerade sang- und klanglos vor unseren modernen Büchsen den letzten Gang zu den längst vorausgewanderten Urweltlern antritt; neben dem Bär und Luchs räuberte noch der heute fern gegen die Polarzone hin verschlagene Vielfraß, und es brüllte der Löwe, der wohl ungefähr erst in der homerischen Zeit (man den-

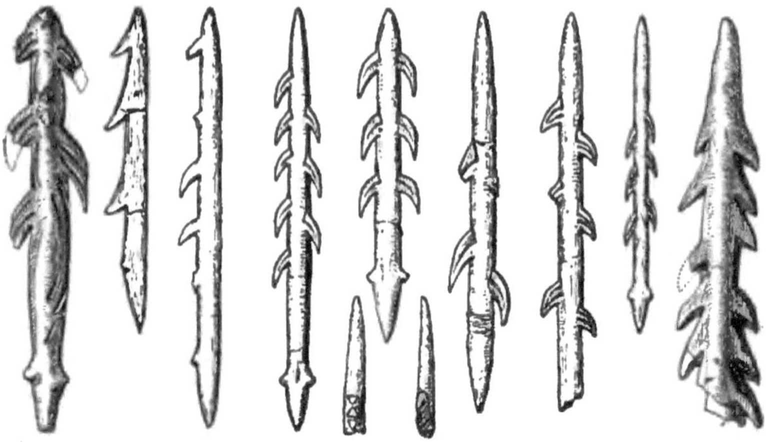

Abb. 14. Harpunen der spätdiluvialen Kultur, aus Rentiergeweih verfertigt. In den Zacken gewahrt man vielfach Rinnen zur Vergiftung der Waffe. Unten zwei knöcherne Speerspitzen (aus der schweizerischen Fundstätte des Keßlerlochs) mit eingeschnitzten Bindekerben (rechts) und Eigentumsmarken (links).

ke noch an die zahllosen Löwengleichnisse in der Ilias) unseren Erdteil endgültig verlassen hat. Mit absoluter Sicherheit stößt man auch hier wieder auf Feuerstätten, in denen die Mammutknochen direkt angebrannt liegen. Mehrfach sind die Lanzenspitzen aus Mammutelfenbein gefertigt, auch Dolche aus Mammutknochen fehlen nicht. Das Hauptmaterial zu seiner eigenen Vernichtung gibt aber immerfort das Rentier.

Sein Geweih liefert besonders auch die prächtigen Harpunen und Angeln mit scharfen Widerhaken. Der Fischfang auf die riesigen, vom unteren Rheingebiet her aufsteigenden Lachse ist sicherlich neben der Jagd schon ein Hauptvergnügen dieser Leute vom Keßlerloch gewesen. Wenn auch kein direkter Holzrest dazu vorliegt, so ist doch als gewiß anzunehmen, daß die Besitzer von so gutem Fischereigerät ihre Feuerkunst auch schon dazu verwertet haben werden, Bäume auszubrennen, und in solchem „Einbaum" als Kahn sich gelegentlich aufs fischreiche Wasser des nahen Bodensees gewagt haben.

Bei den Landwaffen stoßen wir zum erstenmal auf ein bedeutsames Zeichen: die Speerspitzen weisen Längsfurchen auf, die keine andere Deutung zulassen, als daß man die Waffe schon mit irgendeinem Giftstoff versetzt habe. Wieder eine uralte Tierpraxis, — diesmal schon des Reptils, der Schlange mit ihrem Zahn, den tödliches

Gift in einer Rinne durchströmt, die vom Menschen auf seiner Werkzeugstufe selbsttätig wieder erneut wird. Für eine Streitfrage gilt, ob dabei schon Bogen und Pfeile gebraucht wurden. Daß es in den diluvialen Fundstätten eine Unmenge kleiner Stein- und Knochenspitzen gibt, die ihrer Größe nach jeder Unbefangene eher für Pfeilspitzen als für Speerspitzen halten würde, läßt sich unmöglich in Zweifel ziehen. Dagegen hat man in diesem Falle den Umstand betonen zu müssen geglaubt, daß es heute noch Naturvölker gibt, die den Bogen absolut nicht benutzen, darunter die sicherlich Primitiven Australier. Es wird hier einmal die Kraft des Rückschlusses versucht: weil die Australier etwas nicht haben, sollen es auch die Diluvialmenschen noch nicht gehabt haben. Der Schluß ist in dieser Form aber nicht zulässig. Aus den Australiern ist nichts weiter geworden. Aus der Kulturstufe des Magdaleniens wird sich, wenn auch wohl nicht am gleichen Fleck in Europa, so doch irgendwo unsere spätere höhere Kultur entwickelt haben müssen. Diese Kultur besaß schon in der doch mehr oder minder selbst noch ins recht Mythische hineinragenden Pfahlbautenzeit ganz bestimmt Bogen und Pfeil. Wer will da rein theoretisch bestimmen, wie früh dieser Besitz sich schon diluvial auf dieser Linie angemeldet habe! Wichtiger könnte erscheinen, daß die Australier den Bogen vielleicht verschmähen, weil sie sich an die Methode des sogenannten Wurfholzes (oder der Wurfschleuder) gewöhnt haben, bei der der Speer pfeilartig erst durch die hebelartige Kraft eines zweiten Stocks dahin geschleudert wird. Solche Wurfschleudern glaubt man nun auch in gewissen diluvialen Rentierstaben mit einem vorspringenden Zahn wiederzuerkennen, die in Laugerie basse wie hier im Keßlerloch gefunden worden sind; man sagt also, auch hier werde kein Bedürfnis nach anderen Schleuderwaffen gewesen sein. Aber die Wurfschleuder kommt auch bei den Eskimos heute vor, und diese Eskimos verwerten neben ihr eifrig den echten Pfeilbogen. Daß ein intelligentes Volk, das nicht starr auf seinem Kulturstande verharrte, sondern weiterging, nicht gerade über das Wurfholz auch zur Bogensehne gekommen sein sollte, will schwer ein. So scheint mir der Gegenbeweis einstweilen nicht geliefert, obgleich ich zugebe, daß das Fehlen von Bogen aus Rentierknochen nach Eskimoart in den prähistorischen Inventaren ausfällt; es müßten nur Bogen aus Holz benutzt worden sein, was in der Nähe von Wäldern aber auch wieder nicht allzusehr verwundern dürfte.

Was wirklich hier fehlt und auch sonst für die ganze diluviale Schlußzeit nirgendwo bisher in einem sicheren Falle nachgewiesen worden ist, sind Topsscherben. Die Töpferei scheint schlechterdings noch nicht erfunden gewesen zu sein. Einen Augenblick könnte man ja vor solcher Jägerstation, wie dem Keßlerloch, auch da noch stutzen: noch heute ist bei afrikanischen, amerikanischen und anderen Naturvölkern (zum Beispiel auch den bei ihrer Entdeckung noch in völliger Steinzeitkultur verharrenden Zentralbrasilianern) die Töpferei absolut eine Tätigkeit der Frauen; in strenger Arbeitsteilung zieht keine Frau je mit auf die Jagd, und rührt kein Mann je eine. Töpferarbeit an; waren auch diese prähistorischen Stationen am Ende bloß Lagerplätze solcher Männer, an denen nichts „Weibliches" sich je sehen ließ, also auch kein von Weiberhand geformter Topf? Das letzte schneidet den Gedanken doch schon wieder ab: warum sollten diese Jäger nicht wenigstens von Frauen daheim gemachte Töpfe gelegentlich mitgeführt haben? Und die französischen Höhlen, die doch ganz gewiß gerade Winterquartiere waren, müßten vollends voll liegen von Scherben. Es ist aber kein kleinstes Fragment da. So muß hier wirklich noch eine ebenso radikale Lücke gewesen sein, wie sie in der Abwesenheit von Viehzucht, Ackerbau und Metalltechnik bestand.

Doch wir richten auch im Keßlerloch unseren Blick auf jenes schon weit Wahrscheinlichere: nämlich Kunst. Das erste, was uns da auffällt, ist diesmal eine Vertiefung dessen, was in Schussenried als einfache Kerbung von Geweihstücken bemerkt wurde, nach einer höchst bedeutsamen neuen Seite. Die Speerspitzen tragen vielfach eingeschnittene Dreiecke und Kreuze in so charakteristischer Gestalt, daß man nach Analogie heutiger Gebräuche von Wilden nichts anderes darin sehen kann als Eigentumsmarken, Erkennungszeichen für den Besitzer. Solche individuelle Bezeichnung der Waffe ist noch heute bei Naturvölkern eine Art Gesetz, es läßt sich daran feststellen, wer einen Wurf getan, einem Jagdtier, dem viele ihre Geschosse nachgesandt, den Todesstoß gegeben hat. Diese kleine Sache hat mit Kunst noch nichts unmittelbar zu tun, ist aber wichtig für eine weitere Kulturperspektive. Das eingeritzte Dreieck oder Kreuz, drei Dreiecke oder vier Dreiecke, zwei Kreuze übereinander oder nebeneinander gelten als Symbol für den Namen eines Mannes. Diese Leute, die doch wohl ganz bestimmt eine Sprache hatten, besaßen ebenso sicher Namen, Personennamen wie Namen der Dinge, Namen für das Rentier, das Wildpferd, die Sonne, den See, den Speer und das Steinmesser. Wenn nun gelegentlich in der Bequemlichkeit solcher Merkzeichen auch so ein Ritzzeichen sich allgemein im Stamme einbürgerte für solche Allgemeinnamen, ein festes symbolisches Zeichen für Rentier, eines für die Sonne und den See? Man fühlt, daß in dieser Linie die Schrift erfunden werden mußte. In der französischen Höhle Mas d'Azil nahe den Pyrenäen sind zahlreiche Bachkiesel mit seltsamen roten Ausmalungen gefunden worden, die wohl schon einmal als Spuren einer prähistorischen Zeichenschrift gedeutet wurden. Die Deutung steht auf schwachen Füßen, auch scheinen die ominösen Kiesel mindestens nicht mehr echtes diluviales Magdalenienmaterial, sondern etwas jüngeren Datums (Übergang zur nachdiluvialen Steinzeit) zu sein. Deswegen bleibt jener logische Gedanke aber zu Recht bestehen. Irgendwann, sei es auch später, wird diese Bahn irgendwo zu dem Triumph einer so ungeheuren Sache, wie der Einführung der Schrift, geführt haben. Vielleicht waren jene bemalten Steine Zaubersteine. Aber alle Schrift hat ursprünglich eine Beziehung auch zu Zauberei gehabt. Die Runen, die Zeichen, die das Ding symbolisieren, haben in der Phantasie des Volkes bis heute einen geheimnisvollen wirklichen Zusammenhang mit dem, was sie ausdrücken sollen. In Hexengebräuchen kehrt immer wieder, daß eine Schrift mit dem Namen eines Menschen verbrannt wird, damit er selbst in dem Moment Böses erfahre. Auch das Bild, das Porträt wird so gebraucht. Das führt aber auf jene angeblichen „Kommandostäbe" und ihre Verzierungen zurück. Wenn diese merkwürdigen Stäbe vielleicht eine Art persönlicher Amulette waren, die man aus der Jagd um den Hals trug (ich habe wohl daran gedacht, sie könnten außerdem in Schoetensacks Sinne auch als Spangen gedient haben, wobei der Amulettzweck ihre relative Größe und Unbequemlichkeit entschuldigt hätte), so lag es nahe, daß der Träger eben als Jäger etwas darauf führte, was eine Beziehung zu seinem Wild hatte. Wenn es zum Pirschgang auf Mammut und Rentier ging, so mußte der Zauber diesen Tieren gelten. Das an Stelle der einfachen Ornamente eingeritzte Bild des betreffenden Jagdtiers hätte wohl den besten Sinn gehabt. Wir wären. aber doch heute, so viel ist gewiß, bei so fern entlegener Diluvialkultur niemals gerade auf diesen Gedanken wirklich gekommen, wenn nicht hier in einer schlechterdings unerwarteten und unerwartbaren Weise die prähistorischen Funde selbst entgegengekommen wären.

Es ist jetzt schon mehr als drei Jahrzehnte her, daß im Keßlerloch aus bearbeiteten Rentierstangen wirklich eingeritzte Umrißbilder von Tieren zutage kamen. Das vorzüglichste Stück war ein weidendes Rentier selbst, mit einer Sicherheit des künstlerischen Blicks und zugleich einer absoluten Naturtreue wiedergegeben, daß selbst der al-

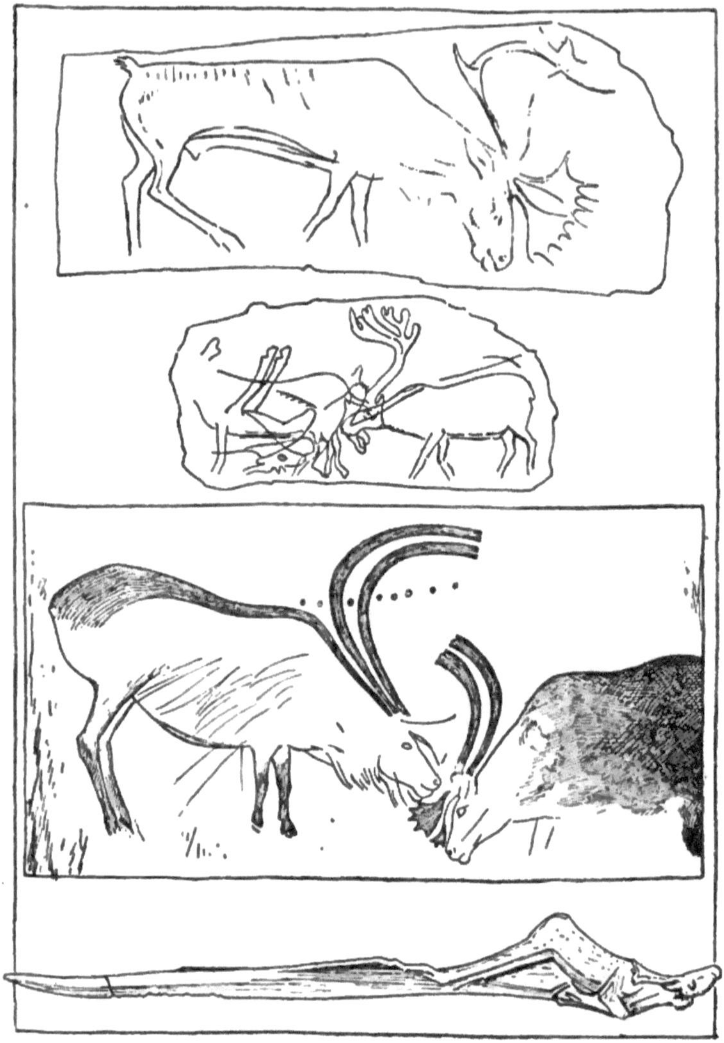

Abb. 15. Erzeugnisse der darstellenden Kunst aus der spätdiluvialen Kultur; Zeichnungen und Schnitzereien, die in vortrefflicher Ausführung das wichtigste Jagdwild der Menschen jener Zeit vorführen, — das Rentier. Bon oben nach unten: Bild eines weidenden Rentiers, auf Rentierhorn eingeritzt, gefunden im Keßlerloch bei Thaingen; zwei ebenso auf Knochen geritzte Rentiere, von denen das Männchen das Weibchen beschnuppert, aus der Höhle La Madeleine im Vezèretal; weidende Rentiere, in der Höhle Font de Gaume im Vezèretal von der Hand der Diluvialmenschen farbig auf die Wand gemalt; plastische Darstellung eines Rentiers am Griff eines aus Rentierhorn geschnitzten Dolches, gefunden in Laugerie basse im Vezèretal.

lerkühnste Gedanke über Uranfänge der Kunst weit überboten zu sein schien. Gerade weil die Sache aber zu gut war, regte sich zunächst der Zweifel. Man hatte damals ja seit noch fast einem weiteren Jahrzehnt zurück ähnliche Zeichnungen aus den klassischen Magdalenienfundstätten Südsrankreichs. In der für den Namen der ganzen Epoche entscheidenden Balkonhöhle von La Madeleine war von Lartet gar ein Stück Mammutelfenbein mit einem wohl erkennbaren Mammutbilde gefunden worden, zu einer Zeit, wo das wirkliche Zusammenleben von Mammut und Mensch noch sehr ernste Streitfrage war. In jenen Jahren galt aber das meiste, was von französischen Prähistorikern geleistet und behauptet wurde, in der deutschen Gelehrtenwelt leider nicht viel; man spöttelte über die phantastischen Konstruktionen, über den „Lokalpatriotismus", der die Urheimat aller Kultur bis zu den schönen Künsten auf gallischen Boden verlegen wolle, über die Leichtgläubigkeit enthusiastischer Finder, denen die Falsifikate frisch von der Werkstatt im Moment ihrer Ausgrabungen unter den Spaten geschmuggelt würden. Das Lartetsche Mammut galt in diesem Sinne lange als eine Art Dummerjungenscherz. Bestenfalls wurde angedeutet, es sei vom „Entdecker" einfach willkürlich der Mammutumriß aus einem ganz unentwirrbaren Gekritzel sich kreuzender Schrammen herauskonstruiert worden.

Diese Kritik wandte sich nun auch gegen die neuen Funde im Keßlerloch. Unglücklicherweise ließ sich nachweisen, daß gerade in diesem Falle wirklich Fälschungen vorgekommen waren. Tierfiguren aus einem Leutemannschen Jugendbuch waren auf altes Material der Fundstätte kopiert worden. Die Sache führte bis zu einer polizeilichen Untersuchung und Bestrafung des Unheilstifters. Für eine Weile war aber auch der Kredit der nicht nachweisbar falschen Stücke, zu denen das wundervolle Rentierbild gehörte, damit so gut wie vernichtet. Und doch sollten die Zweifler wiederum zuletzt unrecht behalten, ein neues bemerkenswertes Beispiel für die übertriebene Vorsicht auch der Kritik. Heute ist eine solche Überfülle entsprechender Tierzeichnungen aus dem wirklichen Magdalenien geborgen — aus den verschiedensten Fundorten, aus ganz neu erschlossenen Stätten, wo gewissenhafteste Forscher mit den Vorsichtsmaßregeln von Kriminalbeamten die Aufdeckung besorgten —, daß jede Skepsis der Fachkreise aufgehört hat. Im Einzelfall mag sie noch ihr Werk tun, das kann nie schaden. Im ganzen denkt niemand mehr an Ablehnung. Diese Tierbilder sind nicht eine Ausnahme innerhalb der Magdalenienkultur: da, wo diese Kultur sozusagen im Hausbetrieb auftritt, wie in Südfrankreich, bilden sie einen integrierenden Bestandteil ihrer Hinterlassenschaft. Ist in diesem Sinne aber das Tatsachenfeld heute rein, so bleiben doch die Tatsachen als solche um so erstaunlicher. Sie bilden schlechtweg das Überraschendste der ganzen Diluvialkultur.

Jenes famose Rentierbild des Keßlerlochs scheint aus dem Bruchstück eines jener „Kommandostäbe" zu stehen. Von vielen anderen Zeichnungen ist sicher, daß sie solchen Stäben angehören. Jene Theorie vom Zauberbild findet also Boden genug. Im übrigen ist aber auch eine Unmasse Bildermaterial allmählich zutage gekommen, das mit den Rentierstäben gar nichts zu tun hat, so daß man deutlich sieht: die Kunst war auch als reine Zier in Flor und nicht bloß im Dienst einer problematischen Magie. Dafür spricht ja allgemein auch bereits die Güte der Bilder. Es ist nicht möglich, vor diesen Skizzen von Anfängen der Kunst zu reden. Lange und mit außerordentlicher Intensität muß diese Tätigkeit schon geübt worden sein. Für die Paar Amulette allein kann sie nicht erst erfunden worden sein. Eine lange Liebe muß hier walten, bei unzähligen Gelegenheiten bewährt und vertieft.

Das zweite berühmt gewordene Rentierstab-Bild speziell noch des Keßlerlochs stellt ein Pferd dar. Ein solches Tierbild hat heute ja für uns neben dem künstlerischen ein starkes zoologisches Interesse. Wie ein lebendes Rentier aussieht, wissen wir noch aus Autopsie. Jene Leute kannten aber so noch die heute gänzlich verschollenen diluvialen Wildpferde Europas. Dieses Bild gerade zeigt ein solches Wildpferd mit ausfällig kleinem, feinem, trockenem Kopf, man möchte fast glauben, es stelle die Urrasse dar, aus der im Orient der edle Araber hervorgegangen ist; andere haben freilich dieses Bild auf einen Wildesel nach Art der asiatischen gedeutet, wie sie damals nachweislich auch bis zum Ort schwärmten; mir gefällt das weniger, aber die Zeichnung selbst hat mir etwas Insichverschrobenes, als bestehe sie aus zwei verschiedenen Ansätzen, das Vorderteil kleiner und für sich, das Hauptstück mit dem langen Leibe verkehrt daran gezeichnet. Aus der klassischen Madeleinehöhle haben wir auf jeden Fall auch geradezu brillante, auf den ersten Blick kenntliche Zeichnungen von jenen kleinen, dicken, großköpfigen Wildpferden mit Bürstenmähne, wie sie uns heute noch das lebende Przewalski-Wildpferd der mongolischen Wüsten ungefähr vor Augen stellt. Und es ist dabei bezeichnend für die Notwendigkeit der „Echtheit" dieser Ma-

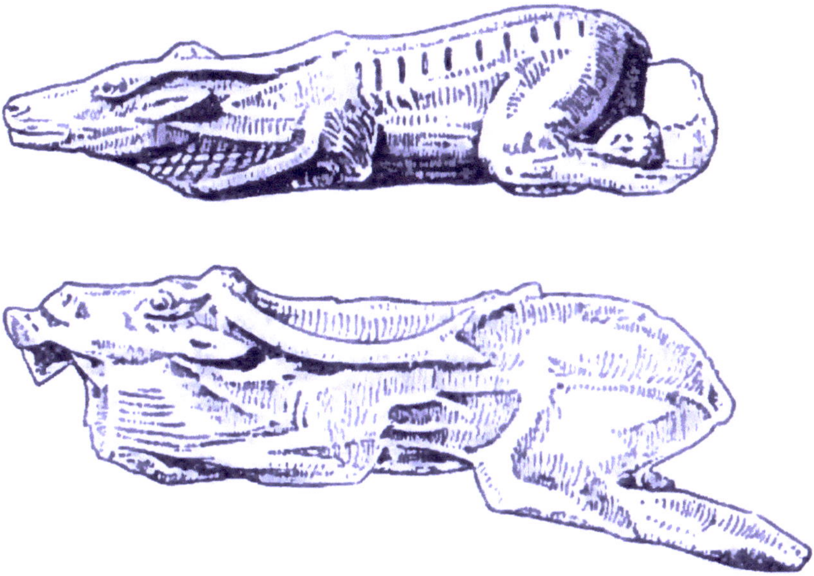

Abb. 16. *Erzeugnisse der darstellenden Kunst aus der spätdiluvialen Kultur: zwei geschnitzte Dolchgriffe aus Mammutelfenbein mit Rentieren als Motiv. Die Originale aus französischen Fundstätten im Britischen Museum zu London. (Nach Klaatsch.)*

deleinebilder, daß sie gefunden und publiziert worden sind lange Jahre, ehe man dieses Przewalskipferd überhaupt lebend entdeckt hatte und vergleichen konnte; der Fälscher hätte allen Zoologen hellsehend voraus sein müssen, um gerade dieses Tierporträt schon einzuschmuggeln.

Auch der wohl erkennbare Kopf eines Moschusochsen ist im Keßlerloch als Kunstprodukt erschienen, — diesmal nicht als Ritzzeichnung, sondern als plastische Schnitzerei aus Horn. Als man ihn fand, rechnete noch kein Forscher mit der Anwesenheit des heute nach Grönland verschlagenen, also amerikanischen Moschusochsen mitten in Europa. Viel später haben dann Knochenreste im benachbarten Schweizersbild wirklich diesen seltsamen Gast für die diluviale Schweiz auch körperlich nachgewiesen. Gerade solche Schnitzbilder sind eine wahre Renommiersache in den französischen Höhlen. Laugerie basse, das schon bei den Schädeln des Magdaleniens eine Rolle spielte, hat einen Dolch aus Rentierhorn geliefert, dessen Griff in feinster künstlerischer Eingliederung in ein vorne niedergebogenes Rentier mit angedrücktem Geweih umgearbeitet ist.

Von Amulett ist hier keine Rede mehr, man sieht die volle Liebe und Hingabe an den rein ästhetischen Zweck künstlerischen Schmucks. Ebenso gibt es aus der Dordogne entsprechend stilisierte Schnitzmammute und eine prächtige, naturtreue Wildpferdstatuette. Am Mammut ist in der Darstellung der prähistorischen Künstler wieder die Treue gerade der Züge bemerkenswert, die wir niemals aus dem fossilen Skelett allein entnehmen könnten, deren Kontrolle uns aber ganz ausnahmsweise hier durch die Erhaltung ganzer Kadaver mit Haut und Haar in sibirischen Eisspalten ermöglicht worden ist: so des dicken Pelzes, des für Elefantenmaße auffällig kleinen Ohrs, der riesigen Schwanzquaste. Auf der Ritzzeichnung von La Madeleine kommen nicht nur die ungeheuren Stoßzähne und der Rüssel, sondern auch der charakteristische ausgetriebene Wulstschädel und das in treffender Lebendigkeit erfaßte Auge des Elefanten zu vollkommener Wirkung.

Wiederholt verharrt die Kunst bei diesen Tierbildern auch nicht bei der einfachen Einzelwiedergabe; sie schreitet vor zum wirklichen kombinierten Kunstwerk im Sinne einer Handlung. Schon jenes Mammut trabt in lebhafter Bewegung dahin. Wildpferde bilden eine Kette. Das Rentier aus dem Keßlerloch äst auf der Weide. Noch wunderbarer aber wirkt, wie der beschränkte Raum einer solchen Rentierstange ausgenutzt ist zu verschränkten Gruppen. Von zwei Rentieren ist mit fast humoristischer, karikaturenhafter Deutlichkeit dargestellt, wie das Männchen das Weibchen von hinten her beschnüffelt. Ein Wisentbulle wird von einem Jäger hinterrücks beschlichen.

Im letzteren Falle muß sich die Aufmerksamkeit ganz besonders der Wiedergabe eines Menschen selbst zuwenden. Der Mammutjäger, der sich uns im Selbstbildnis bewahrt hat! Im ganzen ist da leider zu sagen, daß neben so viel Tierbildern Menschenbilder in unseren Funden bisher selten sind und wenig ergiebig. Es kann immerhin Zufall sein, wie es denn der Zufall offenbar bisher auch will, daß in so viel Material uns noch nie eine Zeichnung oder Schnitzerei überliefert ist, die das doch gewiß darstellenswerte Pelznashorn wiedergibt. Auf dem genannten

Abb. 18. Erzeugnisse der darstellenden Kunst aus der spätdiluvialen Kultur: Bilder diluvialer Menschen von der Hand gleichzeitiger Künstler. Oben ein Jäger (mit eng anliegendem Fellgewand bekleidet?), der einen Wisentstier be-schleicht, von Laugerie basse im Vezèretal, unten (im Original um die Rundung eines Rentierknochens geritzt, hier zur besseren Veranschaulichung teilweise ausgerollt) ein anscheinend nackter Mensch neben zwei Wildpferden und einer (horizontal gelegten) Tanne.

Bilde ist der Mensch ungeschickter gezeichnet als der Stier, wenn auch über die Rolle als Jäger, der sich kriechend heranpirscht und eben den Speer zum Wurf hebt, im ganzen kein Zweifel ist. Über Leib und Beine ist, obwohl der Umriß ungefähr wie nackt aussieht, eine Art Schraffierung gezeichnet, die bei dem Stier in gleicher Behandlung offenbar den Pelz markiert. Auf dem Original ist sie mir als sehr auffällig in der Erinnerung. Nach dem oben Gesagten wäre es aber eine starke Zumutung, hier noch an einen wirklich behaarten Menschen zu denken. Es wird sich also um ein nach Eskimoart eng anliegendes Fellkleid handeln. Eine Schlängellinie am Hinterteil ist auf einen Tierschwanz gedeutet worden, der vielleicht noch an der Felljacke hängend getragen wurde; das würde durchaus in den Bräuchen heutiger Wilden stehen. Auf einem anderen Bilde mit Pferdeköpfen aus La Madeleine präsentiert sich anscheinend ein wirklich nackter Speerträger ohne Haarschraffierung. Daß die Leute bei großen Angriffen auf der Sommerjagd in der Steppe hinter Wildpferden her gelegentlich alle Kleider abwarfen, hat ja auch nichts Wunderbares. Eine schwangere Frau auf eurer übrigens defekten und unklaren Darstellung könnte mit ihrer Schraffierung vielleicht andeuten, daß auch die Frauen gleich denen der heutigen Eskimos Männerhosen trugen. Eine Speerspitze, auch aus La Madeleine, zeigt eine einzelne Hand mit einem Armstück, das tätowiert zu sein scheint. Eine solche Einzelhand ging wohl sicher diesmal auf abergläubische Gebräuche: es ist die berühmte magische Abwehrhand gegen bösen, hemmenden Zauber, die bis heute im Völkerleben allenthalben ihre Rolle spielt und noch auf tausend Amuletten steht. Am seltsamsten muten Elfen-

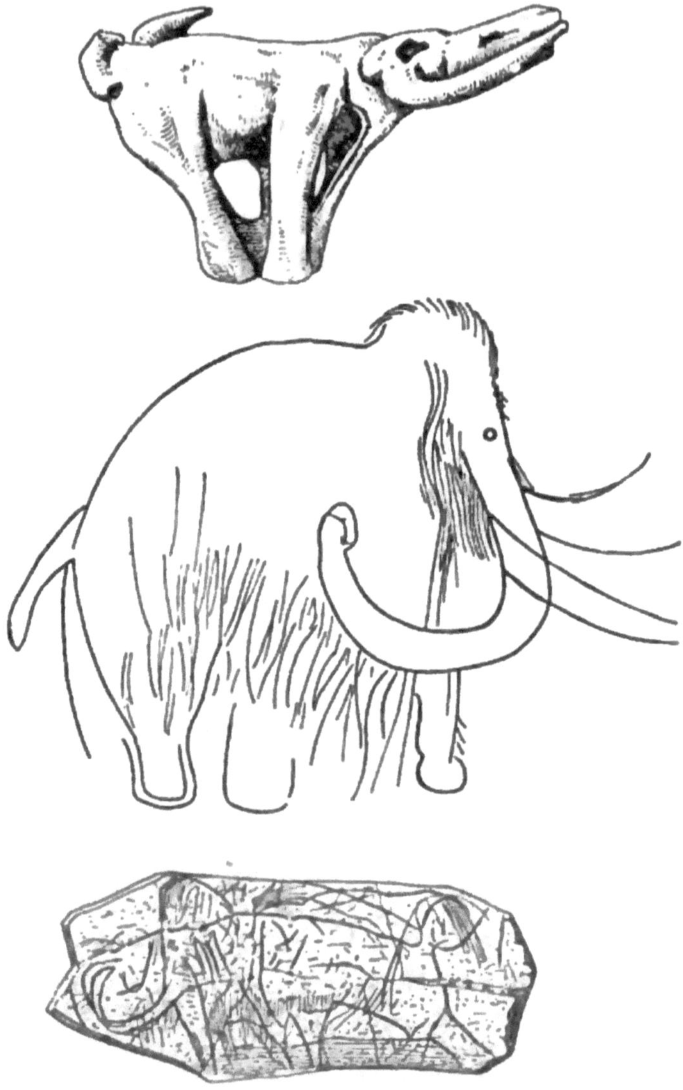

Abb. 17. Erzeugnisse der darstellenden Kunst aus der spätdiluvialen Kultur: Zeichnungen und Schnitzereien, die das am Ende der Diluvtalzeit ausgestorbene Mammut, einen den eiszeitlichen Verhältnissen angepaßten, dick bepelzten europäischen Elefanten, vorführen. Von oben nach unten: Verwertung eines solchen Mammuts als Schnitzerei am Griff eines Dolchs auS Rentierhorn aus der Höhle von Bruniquel, gegenwärtig im Britischen Museum zu London; Gemälde eines Mammuts, von der Hand spätdiluvialer Menschen auf der Wand der Grotte von Combarelles entworfen; eingeritzte Zeichnung eines Mammuts auf einem Stück Mammutelfenbein aus der Höhle La Madeleine.

beinschnitzereien aus der „Grotte du pape" bei Brassempouy in der Gascogne an, von denen eine einen weiblichen Kopf mit langen Locken, eine andere einen nackten weiblichen Torso mit gewaltiger Gesäßfülle, der an die berühmte „hottentottische Venus" erinnert, darstellt. Diese Skulpturen sind für jene oben gestreifte Theorie von einer uralten, noch in die Lößzeit fallenden Schwarzeneinwanderung nach Südeuropa verwertet worden. Jedenfalls gehören gerade sie noch nicht zu dem geklärten und in den Zusammenhang des übrigen gebrachten Material.

Im ganzen schienen, als man alle diese Wunderdinge allmählich etwas zu übersehen und zu werten begann, nicht leicht Überraschungen hinsichtlich der Diluvialkunst noch darüber hinaus denkbar. Und doch sind auch sie noch gekommen. Schon im Jahre 1880 behauptete jemand, er habe in Nordspanien eine Höhle entdeckt, die an Wand und Decke von prähistorischen Händen mit den prachtvollsten Tierbildern in Farben bemalt sei. Das ging selbst den Kühnsten der Kühnen über die Hutschnur, und der Mann, ein Genosse Don Quichottes, Marcellino de Santuola, wurde gründlich ausgelacht. Altamira hieß die Märchenhöhle. Die Tierbilder führten in höchst charakteristischer, technisch wohlgelungener Darstellung an der Decke ein gehäuftes Gedränge von Wildstieren, Wildpferden, Wildschweinen, Hirschen und Steinböcken vor, zum Teil in den Umrissen eingehauen und in Schwarz, Rot und Braun sauber ausgemalt. Daß ein moderner Fälscher (es müßte schon ein besserer Tiermaler gewesen sein) sich gerade daraus verlegt haben sollte, einen solchen Höhlenplafond mit allem Raffinement auszumalen, um ein paar Spezialforscher hinters Licht zu führen, war eigentlich auch ein wenig Zumutung. Die Tiere waren solche, die in spätdiluviale Staffage durchaus paßten. Aber, was zu bunt war, war zu bunt, hier im eigentlichsten Sinne.

Und doch haben sich die Zweifler auch in diesem Fall allmählich, aber gründlich bekehren müssen.

Ganz langsam sickerte in den nächsten zwanzig Jahren die eine oder andere Post von solchen ausgemalten Höhlen doch wieder durch. Ein Lehrer hatte in Südfrankreich eingeritzte Mammutbilder auf einer Höhlenwand entdeckt, fand aber auch zunächst natürlich keinen Glauben. Dann zeigten sich in der Grotte La Mouthe in der klassischen Dordogne, also dem diluvialen Pompeji selbst, Wandbilder, die Mammut, Wildpferd, Rentier, also geradezu die diluvialen Hauptvertreter, erkennen ließen. Eine Höhle der Gironde lag bis zum

Rand voll Schutt, und erst als man den mühsam entfernt hatte, erschienen, sechzehn Meter vom Eingang entfernt, Mammute und Pferde in Gelb und Rot auf der Wand. Diluviale Tierreste und Werkzeuge lagen gleichzeitig in der Höhle gehäuft. Die Entscheidung gab aber doch erst 1901 die wissenschaftliche Erschließung der seither weltberühmten beiden Höhlen von Combarelles und von Font-de-Gaume, beide in kleinen Seitentälern des immer wieder in seinen Enthüllungen und Schätzen einzigartigen Vezèretals gelegen. Nachdem angesehene deutsche Fachleute die Angaben der französischen Forscher gerade an diesen glänzendsten und bewegendsten Stellen selbst nachgeprüft und rückhaltlos anerkannt hatten, war das Eis wieder einmal gebrochen. Auch dieses letzte und höchste Wunder diluvialer Kunst stimmte. Seither sind noch über ein Dutzend solcher „Bilderhöhlen" in Südfrankreich und Spanien enthüllt worden. Daß Leute, die so zierlich schnitzten und Bilder auf kleinstem Raum in schwierigstes Material ritzten, in Winterstunden der absoluten Muße auch ihre Höhlenwand oder Höhlendecke zu den Launen ihrer Kunst herangezogen haben sollen, kann an sich ja wieder gar nichts so sehr Besonderes haben. Eine flache Lampe aus rotem Sandstein, in der man noch die Wirkung des verbrannten Tierfetts bemerkt, gesunden in einer der Bilderhöhlen neben Feuersteinklingen und angebrannten Rentierknochen, scheint uns noch eine gute Illustration dazu zu geben. Es liegt kein direkter Grund vor, diese Lampe als prähistorisch anzuzweifeln, obwohl ihre napfartige steinerne Mulde seltsam aus einem andern Grunde anmutet: in einer Welt nämlich noch ohne Kenntnis von Töpferei; so nahe scheint man das künstliche Gefäß also schon vor Augen gehabt zu haben im buchstäblich hellsten Lichtkreis — und doch hat man die andere Technik noch nicht gesehen! Daß die Leute Farbstoffe zur Hand hatten, haben wir auch schon bemerkt. Was am meisten also eigentlich Packt, ist wieder die Kombination: daß die gezeichneten Tierbilder nun eben auch gefärbt wurden — und dann die Größe, ein gewisser neuer Prunk, ein Grandioses des ganzen Stils. Von magischen Beschwörungsbildern ist hier gewiß keine Rede mehr: man steht ganz ersichtlich vor reiner Kunstfreude. Was muß das aber schon für ein reiches Phantasieleben gewesen sein, das beim unsteten Lichtschein in solchem tiefen, engen Höhlenschacht das ganze Leben und Treiben der Jagd da draußen noch einmal erstehen ließ, nicht bloß als Traum, sondern umgesetzt in künstlerische Bilder, die nach so viel Zeit noch in ganzer Frische heute vor uns stehen, während all das, was einst diese Jägeraugen als „wirklich" gesehen hatten, selber verschollen und versunken ist, wie ein wilder Traum!

Die Bilderhöhle von Combarás ist nach Klaatschs und Verworns anschaulicher Schilderung in keiner Weise das, woran wir etwa bei einer unserer großen bekannten Tropfsteinhöhlen denken, — kein hoher Dom, der den Besucher entzückt, sondern ein ziemlich ungemütlicher Schacht, der von einem Menschen zumeist nur durchkrochen, nicht durchgangen werden kann. 234 Meter weit geht es in dieser alten Wasserrinne wie in einem engen Brunnenhals in den Kalkfels. Die ersten hundert und einigen Meter sind eigentümlicherweise ganz ohne Bilderwerk. Die letzte Hundertmeterstrecke hält dafür dann im Schmuck fast einheitlich durch. Große Tierumrisse bedecken in langer Kette die Wände, zwischen den Tropfsteinbildungen der Decke und einer dicken, entsprechend versinterten Geröllschicht des Bodens. Oft schreitet der Kalksintermantel über Teile auch der Wandbilder selbst fort — der sinnfälligste Beweis, daß hier keine neueren Nachhilfen stattgefunden haben. Wo die Geröllmasse des Höhlenbodens abgebaut, und dadurch ein unterer Teil eines Bildes, der bisher noch in dieser Schicht steckte, erst sichtbar gemacht wird, fällt die größere Schärfe und Frische der Tierumrisse auf im Gegensatz zu den Gebilden der längst freien Fläche. Im Verhältnis zu den Dimensionen des Schachts sind die Bilder meist geradezu kolossal. Ein Meter bis anderthalb Meter ist vielfach die Höhe. Auch wenn man die Sinterschicht des Bodens geräumt, also den heute ein bis eindreiviertel Meter hohen Kellergang noch um ein Meter vertieft denkt, bleibt erstaunlich, wie einer hier ganze verwickelte Tierfiguren in solchen Maßen entwerfen und übersehen konnte. Bei Kerzenlicht macht es heute geradezu Mühe, von einer solchen ganzen langen Gestalt auch nur als nachträglicher Beschauer ein rundes Bild zu erhalten. Und doch sind die Formen durchweg wie aus einem Guß.

Die Bemalung spielt in dieser ersten Höhle noch keine besondere Rolle. Wie auf den „Kommandostäben" im kleinen, so sind hier im großen die bleibenden Zeichnungsumrisse vertieft eingeritzt, bis zu einem halben Zentimeter tief. Deutlich erkennt man noch, wie der Umriß nicht mit einer einzigen fortlaufenden Führung gezeichnet, sondern Strich für Strich skizzenhaft aufgereiht worden ist, mit vielfältigen Korrekturen, bis dann endlich die beste Kontur energischer eingekratzt wurde. Daneben ist eine Art Reliefarbeit zu Hilfe genommen, bald im Sinne von Vertiefung der ganzen Figur innerhalb des

Umrisses, bald durch Stehenlassen bloß des Kopfes als einer Reliefwölbung. Der Umrißspalt ist öfter mit schwarzer Farbe ausgezogen. Im ganzen entfallen auf diesen Hundertmeterraum 109 Tierbilder neben einer Masse ornamentaler Kritzeleien. Vieles ist hier wie in all den Bilderhöhlen nur mißlungener Versuch, verhauen und verzeichnet. Aber eine Menge um so glänzenderer Bravourstücke heben sich heraus.

Die Hauptmasse der Objekte bilden Wildpferde, bei denen interessanterweise auch hier eine derbere und eine feinere Variante hervortreten, die beide bei der späteren Zähmung vielleicht von Anfang an in unsere Rassen mit Sonderblut eingegangen sein könnten. Was nur auffällt, ist, daß beide Varianten wild am gleichen Fleck gelebt haben sollen. Grenzten gerade hier zwei Verbreitungsgebiete nahe aneinander, so daß die Pferdejäger von Combarelles in beide hineinschauten? Oder hatte die letzte Eisperiode auch jetzt außergewöhnliche Verschiebungen und Zusammendrängungen in der Tierwelt vorgenommen? Der Pferdereichtum hat französische Forscher zu der Annahme geführt, diese Bilder stammen noch aus der Lößepoche der älteren, pferdefrohen Solutreenjäger. Doch gibt es dafür keine weiteren Anhaltspunkte, falls man überhaupt hier ganz scharfe Grenzen ziehen will. Vierzehn Bilder geben Mauimute wieder, bei denen abermals die Kopfform des Elefanten besonders brillant herausgebracht ist. Der lange Rüssel scheint bewegt, ost weit einwärts gebogen. Das übertrieben Riesige der Stoßzähne gerade des Mammuts, in dem moderne Forscher gern eine durch mangelnde Abnutzung erzeugte Monstrosität sehen (der Stoßzahn des Elefanten war ursprünglich ein Brechinstrument im Walde, das in der waldlosen Moossteppe nicht mehr richtig verwertet werden konnte und also entartete), scheint auch sehr anschaulich gegeben. Gerade durch die Art, wie diese Stößer nicht ganz ausgemalt sind, sondern nur durch offene, krumme Linienparallelen gleichsam ins Unendliche auslaufen, scheint nämlich etwas von einer ganz besonders sicheren Charakterskizze im echtesten Künstlersinn zu entstehen. Sie deutet nur an, aber mit so echten paar Zügen, daß der höchste Effekt im Beschauer erzielt wird, als sei jeder Detailzug ideell doch auch da. Junge vom Mammut werden ganz anders charakterisiert: sie bilden förmliche runde Wollklumpen mit allerseits kraus abstehendem Haar. Der alte Urstier, aus dem als einer Hauptstammform unser zahmes Rind hervorgegangen ist, eine Elchkuh, das Rentier, der Steinbock, wahrscheinlich auch die heutige Steppenantilope des äußersten russischen

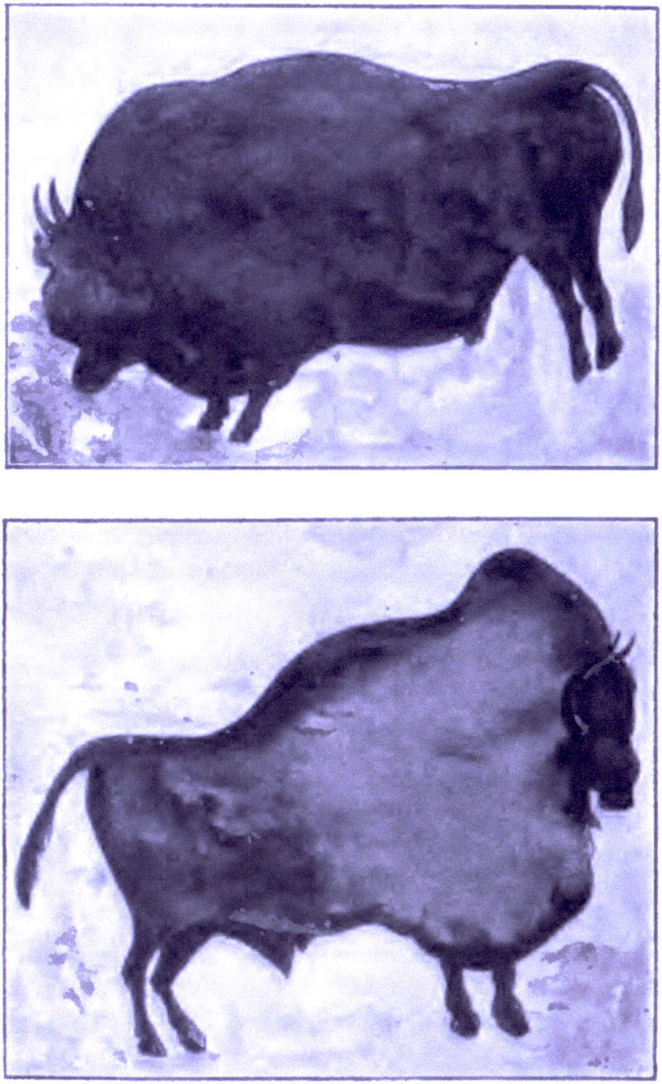

Abbildung 2: Abb. 19. Erzeugnisse der darstellenden Kunst aus der spätdiluvialen Kultur: zwei Wandgemälde aus der Grotte Font-de-Gaume, die von der Hand diluvialer Maler im Original in Farben ausgeführte Wisentstiere (Wildbüffel) vorführen. (Nach Capitan.)

Ostlandes, die Taiga, die nachweislich damals bis nach Frankreich ging, sind im weiteren mit von der Gesellschaft.

Die ganze Pracht der Dinge beginnt aber erst in der Höhle von Font-de-Gaume. Der Bau dieses Schachts ist verwickelter. Eine breitere Vorhalle macht noch am ehesten den Eindruck eines Anlaufs zu einer richtigen Stalaktitengrotte mit Tropfsteinsäulen. Dann geht's durch eine Art engster Fels-pforte aber erst ins Allerheiligste, auch hier wieder einen ziemlich engen, doch etwas höheren Kellergang. Und da drinnen ist nun diesmal regelrecht gemalt worden. Manganschwarz und Ockererde sind wie in Altamira die chemische Voraussetzung, sie ergeben in Mischungen alle Töne von Not über Braun zu Tiefschwarz.

Die Umrisse der großen Tierkörper sind auch hier vielfach eingeritzt und schwarz durchgezogen, die Innenfläche aber ist dann noch naturgemäß ausgemalt, vor allem in Braun und Rot. Wir kennen ja solches Rotbraun aus den sibirischen Funden direkt als Mammutfarbe, kennen es auch von unseren lebenden Przewalski-Wildpferden, unseren asiatischen Wildeseln und unseren wenigen noch ausdauernden europäischen Wisentstieren. Und da ist es denn diesmal vor allem eben der Wisent selbst, der so dominiert. 49 solcher braunwolligen Wildochsen zieren die Wände dieses Tartarus.

Das gewöhnlichste Jagdwild muß diese heute im Osten unseres Erdteils, in Litauen und im Kaukasus, schwach noch vegetierende prachtvolle Hochwildform damals in Südfrankreich gewesen sein. Nur zwei Mammutbilder finden sich diesmal, spärlich auch Pferde. Dagegen entzückt noch eine Gruppe von zwei weidenden Rentieren, skizzenhaft im erwähnten Sinne auch sie, aber mit einem Schwung der charakteristischen Andeutungslinien, der gar nicht zu überbieten ist. Überwältigend deutlich empfindet man, wie der Kunststil, der etwa in dem kleinen eingeritzten Rentier des Keßlerlochs minutiös in den Einzelheiten arbeitet, hier umgekehrt ein durchaus monumentaler, auf die Freskowirkung hin ist. (Vgl. Abb. 15.)

Aus dem Zurücktreten von Mammut und Pferd gegenüber dem Wisent hat man schließen wollen, daß die Malereien dieser zweiten Höhle einem etwas anderen Naturmilieu entnommen sein dürften als die von Combarelles, eventuell einem etwas späteren innerhalb der diluvialen Schlußgrenze, wo die Mammutfauna sich schon mehr durch eine Tierwelt zu ersetzen begann, wie sie noch lange nach dem Diluvium dann die typische für Europa geblieben ist. Jedenfalls haben uns diese Mammut- und Wisentmaler der Vezèretalgegend noch eines dazu aus ihrem eigenen Leben verewigt. Mitten zwischen den

Abb. 20. Bilder von Zelten mit Stützstangen und Eingang, von der Hand spätdiluvialer Menschen auf die Wände der Höhle Font-de-Gaume gezeichnet.

Jagdtieren tauchen nämlich auf einmal hier unverkennbare Bilder von Zelten auf. Richtige Lederzelte sehen wir da, mit einer Stützstange in der Mitte und einem halbovalen Ausschnitt als Eingang. Der Maler, der hier im engen Höhlenschacht von den lustigen Jagdstunden des Sommers phantasierte, gedachte auch der Behausungen, die zu solcher Zeit fern von dem Winter- und Stammquartier, der Höhle, in einfachster Technik aus Stangen und Fellen hergestellt wurden. Wir aber lernen damit immerhin noch etwas Bedeutendes hinzu: daß das künstliche Haus schon erfunden war, das gelegentlich die Naturhöhle bereits ersetzen durfte. In keinem zweiten Zuge scheint so sehr die Idee einer nahenden neuen Kulturepoche heraufzudämmern, die nicht mehr in dem Worte „Höhlenmensch" erschöpft war. Wobei es allerdings auf der anderen Seite durchaus naheliegend bleibt, daß gerade dieser Zeltbau selber damals auch schon eine recht alte Aushilfe war, die bereits überall längst gedient hatte, wo die Natur überhaupt keine Höhlen bot. Der endgültige Übergang vom flüchtigen Zeltbau streifender Jägerstämme zum festen Hausbau und zum Dorf ist gewiß an sich noch ein ganz gewaltiger Umschwung gewesen, und wir haben keinen Anhalt, daß er in der Diluvialzeit schon irgendwo vollzogen worden sei; aber die Voraussetzungen haben auch hier (wie in jenem Fall von Lampenschale und Töpferei) sicherlich viele Jahrtausende lang gleichsam bereitgelegen, gleichsam unvollzogen sich in der Schwebe gehalten; der Vollzug erschien dann später ebendeswegen nicht wie ein Ruck, sondern wie etwas ganz Selbstverständliches.

Seit man weiß, daß diese diluvialen Kunstleistungen echt sind, ist die Frage nicht zur Ruhe gekommen, wie so etwas mit dem Begriff so urtümlicher, in der Kultur sonst noch so weit zurückstehender Menschen vereinbar sei. Man hat an ein besonderes „Kunstvolk" gedacht, eine Art prähistorischer Hellenen. Gerade diese Kunstwerke haben auch besonders willig zum Glauben an die schon hoch entwickelte Cro-Magnon-Rasse gestimmt. Zum wirklichen Verständnis kann aber nur der Vergleich mit den heutigen Kunstleistungen unserer Wilden führen. Von den afrikanischen Buschmännern, also sicher gegenwärtig einem der primitivsten, vor unserem Auge im Untergang begriffenen Völker der Erde, sind Tierbilder bekannt, die, zum Teil auch auf Höhlenwänden in sehr verwandter Technik ausgeführt, das Schönste jener diluvialen Leistungen erreichen und übertreffen. Bei den ebenfalls höchst primitiven Indianerstämmen des Schingugebiets in Zentralbrasilien ist gelegentlich in den hübschesten Proben festgestellt worden, wie treffsicher und charakteristisch sie sofort selbst ganz neue Objekte (zum Beispiel die Gestalt eines europäischen Gelehrten, der sie besuchte) zeichnerisch zu bewältigen wußten, in einer karikaturenhaften Weise, die vollauf die vorhandene Gabe beweist. Während ein großer Teil der allgemein geradezu enorm reichen Kunst unserer Wilden und Halbwilden rein nach der Seite des stilisierenden Ornaments, sozusagen der reinen wohlgefälligen Augenrhythmik geht, ein anderer ins Fratzenhafte einer frei erfindenden grotesken Phantasie, die das Wirkliche durch eine Art künstlerischen Spuks überbietet, lenkt, findet sich ganz allgemein dort doch eine „naturalistische" Unterschicht, die auch mit prächtiger Treue die Natur wiedergibt. Gelegentlich läßt sich verfolgen, wie dieses naturtreue Sehen und Zeichnen sogar die älteren Muster liefert, an die dann erst die Ornamentik, die Stilisierung angeknüpft hat. Der Indianer zeichnet ursprünglich Reihen echter Fische, und erst daraus wird ein verzierendes Rautenmuster. Auch in den fürchterlichsten Fratzen- der allbekannten Tanzmasken solcher Völker wird man stets gewisse benutzte Stücke aus einer äußerst scharfen Naturbeobachtung entdecken. Noch auf den höheren Pfaden der Kunstgeschichte, zum Beispiel in der ägyptischen, wird ebenso deutlich, wie ein naturscharfes Sehen und Charakterisieren ein Anfangsstadium bezeichnet, dem erst immer weitergehende Stufen des Stilisierens (vielfach im Bunde mit Stadien religiöser Erstarrung bei gewissen „heiligen Formen") folgen, die endlich so davon fortführen, daß jene Grundstimmung geradezu verloren erscheint und aus noch höherer Stufe dann als künstlerischer Neunaturalismus erst wieder entdeckt werden muß.

Wenn wir das genügend erwägen, so wird hinlänglich wahrscheinlich, daß uns in jenen Prähistorischen Leistungen nicht ein gelegentlicher örtlicher Zufall, ein geniales Vorauseilen in irgendeinem „Kunstvolk" vor Augen steht, sondern auch nur eine gewisse Allgemeinstation der ganzen Knlturhöhe und Kulturbreite von damals. Prinzipiell würde ich auch gar nichts Unmögliches darin sehen, wenn die Leistung noch ein ganzes Stück weiter ins Diluvium zurückreichte. Man streitet sich, wie gesagt, in Frankreich schon, inwieweit sie etwa noch über das ganze Solutreen zurückgehen könnte. In Predmost und anderen mährischen Fundstätten, die doch ungefähr hierher bezogen werden, beginnen entschieden schon (Elfenbeinschnitzereien. Wenn sich diese Indizien mehren, wie es den Anschein hat, wird man wirklich allmählich zurückdatieren müssen, und es wird die Frage ernst werden, ob man mit der Kunst vor den Neandertalern haltmachen darf oder weit in ihre Epoche auch damit noch hineingehen muß. Das kann nur sachlich allmählich, vor allem in jenem noch so unsicheren Grenzgebiet zwischen den Neandertalern und der vermuteten Cro-Magnon-Rasse, entschieden werden; theoretisch gibt sich kein Halt. .

Immerhin wird man auch so dabei bleiben, daß im Sinne eines immer geweckteren Geisteslebens diese Kunstleistung, wie früh oder spät sie nun eingesetzt habe, die höchste Kulturleistung des Diluviums darstelle. Sie krönt und beschließt zugleich das ganze Bild.

Das Ausklingen des Diluviums als der eigentlichen „Vorzeit" bezeichnet für die Kultur und die Kulturmenschheit an sich noch keineswegs den Anbruch der „geschichtlichen Zeit", der Zeit unmittelbarer Überlieferung. Dazwischen schiebt sich noch ein großes besonderes Kapitel dessen, was wir im umfassenden Sinne „prähistorisch" nennen. In Europa läßt sich auch diese Epoche durch eine Reihe sehr anschaulicher Bilder illustrieren. Soweit sie noch „Steinzeit" ist, wird sie als „neolithische" Zeit, das ist: neuere oder jüngere Steinzeit bezeichnet im Gegensatz zu der „paläolithischen", älteren, die mit dem Ausgang des Diluviums abschließt. Für den Fortschritt der reinen Steintechnik über das Mortilletsche Schema hinaus wird darin die feine oberflächliche Polierung von Steinwerkzeugen als ein Charakterzeichen genommen, das aber auch hier eine gewisse Einseitigkeit ganz ähnlich wie die früheren Mortilletschen Technikstudien nicht verleugnet. Scharfe Bilder geben dann allmählich doch zwei große Phänomene.

Einerseits auf den Seen des Binnenlandes das Aufblühen von Dörfern oder Städten, deren Häuser rostartig über eingerammten Pfählen ruhen, der sogenannten Pfahlbauten. In Verbindung mit diesen Pfahlbauten, deren Kulturreste, im Moorboden ihrer Seen äußerst glücklich konserviert, abermals, wie früher die der französischen Höhlen, uns ein ganzes „Pompeji" dieser Zeit überliefern, sehen wir allmählich als große neue Station der fortschreitenden Kulturtechnik auftreten: Viehzucht, Ackerbau, Töpferei, Weberei, endlich ganz allmählich eindringend auch die Verwertung der Metalle. Die allerletzte Periode der Pfahlbaukultur mündet schon in die Zeit des Gebrauchs von Eisenwaffen und zeitlich in die engere historische Tradition selbst ein.

Das andere große Kulturphänomen knüpft dagegen bei höchst eigenartigen, zum Teil riesigen Steindenkmälern an, den sogenannten „megalithischen Bauwerken" (von megas, groß, und lithos, der Stein). Die Dolmen, Menhirs, Hünengräber und was der lokalen Namen mehr sind für diese weitverbreiteten Kolossalwerke, kommen dabei in Betracht. In diesen vielfach geradezu unzerstörbaren Bauten stellt sich uns ein monumentaler Ausdruck hochgesteigerten Denklebens entgegen, das (im Ausbau jener uralten Ideenanfänge der Neandertalerzeit) Leben und Tod vor allem in den Dienst religiöser Vorstellungen brachte und ungeheure Arbeit auf religiöse Denkmäler und Totenkult verwandte. Gleichzeitig treten uns in der geographischen Ausbreitung dieser charakteristischen Steinmale und Begräbnisstätten die unzweideutigen Anzeichen eines von Norden ausstrahlenden seefahrenden Volkes entgegen. Auch dieses kulturelle Phänomen ersten Grades mündet zuletzt auf der Schwelle der historischen Zeit.

Die nähere Betrachtung dieser nachdiluvialen Epoche fällt nicht mehr in den Nahmen dieses ersten Bandes. Eine beachtenswerte Erscheinung ist, daß an geographisch weit getrennten Orten, vor allem aber in der klassischen Dordogne, eine merkwürdig scharfe Grenze die diluviale und die nachdiluviale Kulturepoche in den Fundstätten zu trennen scheint. Wohl finden sich am gleichen Fleck mit den paläolithischen neolithische Kulturspuren, die sich vor allem gleich durch die Scherben gebrannter Töpfe als solche zu erkennen geben; aber zwischen beide Schichten pflegt sich konsequent eine scharf sondernde Einlage zu schieben, die überhaupt keine Kulturspuren enthält. Es macht also durchaus den Eindruck, als wenn die betreffenden Höhlen während einer längeren Pause nach Abschluß des Diluviums unbewohnt gelegen hätten, ehe Menschen mit neolithischer Kultur sie von neuem besiedelten. Diese letzteren Menschen waren an manchen Stellen Zwerge, die besonders zu Bestattungszwecken die Höhlen jetzt wieder aufsuchten. Die alte Wanderfrage und Rassenfrage taucht also von neuem hier auf. Sind jene kunstfrohen und tapferen Rentierjäger aus den letzten Tagen des Diluviums mit ihren (mutmaßlichen) schönen Cro-Magnon-Schädeln zu einer bestimmten Zeit radikal an ihren beliebtesten Sitzen ausgestorben? Oder sind sie, unbekannt wohin, fortgewandert damals? Und haben dann nach der leeren Pause neue Einwanderer den Fleck erst wieder besetzt? Waren diese Neuankömmlinge dabei völlig andersartige Kulturträger? Oder waren sie an andern, uns nur weniger kontrollierbaren Orten doch aus Magdalenienleuten selber durch einen organischen Kulturfortschritt hervorgegangen? Stellenweise scheint das letztere doch am wahrscheinlichsten. Im ganzen aber sind es Fragen ohne Antwort.

Diese zweite Epoche der Diluvialkultur schließt mit offenen Fragen, wie sie mit solchen begonnen hat.

Es gibt keinen Punkt auf dem ganzen von uns jetzt durchmessenen Wege, der nicht mit Fragen überhaupt heute noch gepflastert wäre. Wenn man aber erwägt, daß noch vor fünfzig Jahren die meisten ernsthaften Fachgelehrten, vor allem Professionelle Historiker, aber auch hochbedeutende Naturforscher, jeden Versuch, ein diluviales Gebilde für Menschenwerk zu erklären, mit allen Mitteln des Spottes überschütteten — wenn man bedenkt, daß noch vor hundert Jahren der ganze Begriff des Diluviums den seltsamsten Phantasien ausgeliefert war, und die Idee einer Eiszeit der Privatbesitz von vielleicht zwei oder drei Nichtfachleuten, darunter Goethe, war, während die Fachgeologie nichts davon ahnte — so wird man gestehen müssen, daß das lückenhafte Umrißbild und Annäherungsbild, das wir heute vom „Menschen der Vorwelt" und der Kultur innerhalb dieses Diluviums und noch weiter zurück besitzen, eine Errungenschaft fast ohnegleichen, eine Geistesleistung ersten Ranges bedeutet. Eine ganze Wissenschaft ist hier in kaum einem halben Jahrhundert emporgeblüht, die, von Naturforschern begründet, endlich auch den Historikern Achtung abgewonnen und, ein seltener Fall, zwei scheinbar so unendlich weit voneinander getrennte Wissenszweige, wie die Naturwissenschaft und die Geschichtswissenschaft, durch ein gemeinsames Zwischengebiet aufs glücklichste miteinander verbunden hat.

Ich erinnere mich gern noch der Vorlesungen Professor Schaaffhausens in Bonn, zu Anfang der achtziger Jahre. Dieser treffliche alte Gelehrte, der auch einer der frühesten Kämpfer für die Existenz echter Neandertaler war, las uns damals schon über die Grundzüge einer prähistorischen Wissenschaft. Das Kolleg wurde von Studierenden aller Fakultäten besucht, galt aber noch als eine Art Kuriosum. Die Fachhistoriker älterer Schule wußten absolut nichts damit anzufangen und lehnten in einzelnen Fällen noch geradezu grob jeden Wert und Zusammenhang dieser Dinge für ihr Teil ab. Dazu gesellte sich die Angst, als könnten durch diese Resultate, wenn sie einmal wirklich der Kritik standhielten, die Würde des Menschen und der ideale Zweck der Geschichte: uns den sittlichen und intellektuellen Heraufgang der Menschheit darzulegen, bedroht werden. Als wenn nicht gerade in diesem Urkapitel der Kulturgeschichte der glanzvolle Aufstieg dieses Menschen zu der Schwelle all seiner späteren höchsten Ruhmesgebiete am allernachhaltigsten und großartigsten zutage träte! Daß diese Zweifel heute doch endgültig auch dort zu schwinden begonnen haben, ist der deutlichste Beweis für das Erstarken der jungen prähistorischen Wissenschaft selbst in der Zeit seither. Die Logik der Tatsachen setzt sich zuletzt immer durch, wenn nur einmal eine gewisse Fülle da ist. Wenn aber die Tatsachen sich endlich durchgesetzt haben, so pflegt sich immer das gleiche Ergebnis auch still wieder miteingestellt zu haben: daß das Neue an Erkenntnis uns nicht etwas genommen hat, weder intellektuell noch moralisch, sondern daß es uns in Theorie wie Praxis stärker und im edeln Sinne stolzer gemacht hat.

BUCHTIPPS

Abrupte Klimaschwankungen seit 2000 Jahren

Lokale und kosmische Ursachen eines Klimawandels. Herausgeber: Sedlacek, Klaus-Dieter (Hrsg.). Innerhalb der letzten zwei Jahrtausende sind verschiedene abrupte Klimaschwankungen nachweisbar. Der fortwährende Wandel des Klimas verzeichnete allein fünf große Klimaepochen und zahlreiche ...

Allgemeine moderne Psychologie

Allgemeine moderne Psychologie Systematische Einführung in die Wissenschaft psychischer Prozesse Autor: Messer, August Man hat mit Recht drei Hauptwurzeln der Psychologie unterschieden: die praktische Menschenkenntnis, den religiösen Seelenglauben und die biologische Lebenserklärung. Psychologie als ...

Anleitung zum Roman-Schreiben

Wie man anfängt, einen Plot entwickelt und eine gute Geschichte erzählt. Autor: Wilde, Oliver J. Sie wollen einen Roman schreiben? Das ist toll! Aber begnügen Sie sich nicht damit, nur einen Roman ...

Äquivalenz von Information und Energie

Die Grundbausteine der Welt – Neuausgabe – Autor: Sedlacek, Klaus-Dieter. „Es stellt sich letztendlich heraus, dass Information ein wesentlicher Grundbaustein der Welt ist“, versicherte der durch sein Quantenteleportationsexperiment bekannte Prof. Zeilinger in ...

Besseres Gedächtnis

Wie man es stärkt, trainiert und einsetzt. Autor: Atkinson, Wilhelm Walker. Viele Menschen scheinen zu glauben, dass Erinnerungen einfach kommen und nicht gefördert werden können. Aber der Trugschluss einer solchen Vorstellung wird ...

Bleib beweglich und fit ohne Geräte!

Leichte ärztliche Zimmergymnastik für jedes Alter. Autor: Moritz Schreber , Klaus-Dieter Sedlacek (Hrsg.). Dieses Buch hilft die für die Körperausbildung, Erhaltung der Gesundheit und Beweglichkeit bis ins hohe Alter anerkannt wichtige ...

Der Alchemist Leonhard Thurneysser

Die Lebensgeschichte des Goldmachers von Berlin. Autor: Sedlacek, Klaus-Dieter (Hrsg.) . Der im Jahr 1531 geborene Leonhard Thurneysser erlernte als Sohn eines Goldschmieds in Basel die Kunst seines Vaters, übernahm aber bald ...

Der allmächtige Informatiker

Das Mysterium des Universums. Autor: Jeans, Sir James. Die englische Ausgabe dieses Buchs mit dem Originaltitel „The Mysterious Universe“ ist als populäres Wissenschaftsbuch des britischen Astrophysikers Sir James Jeans zuerst von ...

Der erdgeschichtliche Klimawandel

Den wahren Ursachen von Klimaschwankungen auf der Spur. Autor: Wilhelm Bölsche , Klaus-Dieter Sedlacek (Hrsg.). Der Klimazustand während der letzten Jahrhunderttausende ist im Wesentlichen auf den Einfluss von Sonneneinstrahlung zurückzuführen, die ...

Der Stein der Weisen

Der Stein der Weisen: Wie die Alchemie zur Chemie wurde (Abenteuer Naturwissenschaft) von Klaus-Dieter Sedlacek (Herausgeber), Wilhelm Ostwald (Autor) Einführend berichtet Justus Liebig, wie die voller Geheimnisse steckende Alchemie die Grundlagen der ...

Der verborgene Mechanismus des Weltgeschehens

Der verborgene Mechanismus des Weltgeschehens Neue Erkenntnisse über die Gestalten biotechnischer Systeme der Welt Autoren: Sedlacek, Klaus-Dieter; Francé, Raoul H. Seit Jahrtausenden ist die Menschheit bestrebt, die Welt, in der sie lebt, erkennen …

Der Weg zu Wohlstand und Reichtum

Goldene Regeln für den Aufbau einer selbstständigen Existenz. Autor: Barnum, P. T. Der Weg zum Reichtum ist, wie einer der Gründerväter der Vereinigten Staaten sagt, „so klar wie der Weg zur Mühle“. ...

Die geheimnisvolle Kultur der alten Kelten

Von Druiden, Fürstensitzen und der Lebensart unserer frühgeschichtlichen Vorfahren. Autor: Grupp, Georg Die Kelten zeichneten sich aus durch hohes handwerkliches Können, Handelsbeziehungen bis in den Süden Europas und tollkühnem Mut, der den ...

Die Heldin des Radiums

Eine kleine Biografie von Marie Curie. Hrsg: Sedlacek, Klaus-Dieter. Marie Curie war eine Physikerin und Chemikerin polnischer Herkunft, die in Frankreich lebte und wirkte. Sie untersuchte die 1896 von Henri Becquerel beobachtete ...

Die Kultur der Azteken

Mit einem Anhang Große Landesausstellung Baden-Württemberg „Azteken“ im Lindenmuseum. Autor: Prescott, William. „Von dem ganzen ausgedehnten Reich, das einst die Herrschaft Spaniens in der Neuen Welt anerkannte, ist kein Teil an Wichtigkeit …

Die Lebenskraft

Wie Enzyme, Bewusstsein und quantenbiologische Effekte das Leben regulieren Autoren: Sedlacek, Klaus-Dieter; Wrobel, Norbert Der Begründer der Quantenmechanik und Nobelpreisträger Erwin Schrödinger beschäftigte sich unter anderem mit der Frage: „Was ist Leben?“ ...

Die letzten Ursachen

Das Buch der Naturerkenntnis. Hrsg.: Sedlacek, Klaus-Dieter. Die klassischen physikalischen Theorien, zum Beispiel die klassische Mechanik oder die Elektrodynamik, haben eine klare Interpretation. Den Symbolen der Theorie wie Ort, Geschwindigkeit, Kraft beziehungsweise ...

Die Transzendenz der Realität

Spuren einer allumfassenden transzendenten Realität jenseits von Raum und Zeit. Autor: Klaus-Dieter Sedlacek. Der Nobelpreisträger Max Planck war einer der Pioniere der Quantenphysik und deshalb nicht verdächtig einem esoterischen Weltbild anzuhängen. Er ...

Die unbekannte Seele

Alltagsrätsel des Seelenlebens. Autor: Driesch, Hans. Es geht in dem Buch um sehr Grundlegendes. Gewiss wird der Leser auch mit Normalem zu tun haben, sogar mit sehr Alltäglichem. Aber das Normale bietet …

Die verborgene Ordnung des Weltsystems

Neue Erkenntnisse über die schöpferischen Kräfte der Natur. Autor: Francé, Raoul Heinrich. Wie zeigt sich die verborgene Ordnung des Weltsystems? Woher kommt die Erfindungskraft, die den Wohlstand bei uns sichert? Ist sie ...

Durchblick Chemie

Praktische Grundlagen und Einführung in die anorganische, organische und Biochemie Klaus-Dieter Sedlacek, Lassar Cohn, Walther Löb Wollen Sie in unserer modernen Welt mitreden? Dann brauchen Sie den Durchblick! Dazu gehören auch Grundkenntnisse ...

Einfach logisch denken!

Oder die Gesetze des Denkens. Autor: Atkinson, Wilhelm Walker In diesem Buch werden die Methoden und Prinzipien der korrekten Anwendung des Denkvermögens aufgezeigt, und zwar auf eine einfache und klare Weise, ohne …

Einsteins Relativitätstheorie ganz ohne Mathematik

Spezielle und allgemeine Relativitätstheorie Paul Kirchberger , Klaus-Dieter Sedlacek (Hrsg.) Man wird nicht selten gefragt, ob man eine Schrift wisse, die in die Einsteinsche Theorie für Laien so einführen könne, dass …

Emergenz

Emergenz Strukturen der Selbstorganisation in Natur und Technik Autor: Sedlacek, Klaus-Dieter Das Universum erschien bis ins 19. Jahrhundert wie ein ablaufendes mechanisches Uhrwerk. Der Schock kam im frühen 20. Jahrhundert mit dem Aufkommen ...

Epigenetik-Experimente

Neuvererbung oder Beweise für die Vererbung erworbener Eigenschaften? Autor: Kammerer, Paul Der Biologe Paul Kammerer wurde durch seine Aufsehen erregenden Experimente zur Epigenetik berühmt. In einer seiner Versuchsserien verwendete er zwei Arten ...

Es begann mit Feuerskraft

Das Werden des Menschen und seiner Kultur. Autor: Neumann, Carl Wilhelm . Seit Anbeginn seiner Tage war der Mensch keineswegs der stolze Beherrscher der Natur, als den er sich heute mit Recht ...

Exotische Reise durch Persien

Abenteuerlicher Bericht aus einer fremdartigen Welt des 19ten Jahrhunderts. Autor: Loti, Pierre. „Wer mit mir kommen und die Zeit der Rosenblüte in Ispahan sehen will, der mache sich gefasst auf die Gefahren ...

Freizeitvergnügen Sternenhimmel mit bloßem Auge

Wie man Sternbilder auffindet ohne Instrumente. Autor: Kirchberger, Paul. Der Anblick des gestirnten Himmels ist das Größte, das uns die Natur zu bieten vermag, und kein empfängliches Gemüt kann sich seinem Eindruck ...

Gefangen zwischen Eisschollen

Die dramatische Entdeckungsgeschichte der Antarktis Autor: Sedlacek, Klaus-Dieter (Hrsg.) Auf dem 6. Internationalen Geographischen Kongress 1895 in London verabschiedete man folgende Resolution: „Dieser Kongress ist der Meinung, dass die Erkundung der Antarktisregionen ...

Geld vernünftig ausgeben

Über die richtige Art von Sparsamkeit Autor: Marden, Orison Swett Im Inhalt behandelte Punkte: – Wirtschaft ist keine Schikane, sondern das planvolle Handeln zur Befriedigung von Bedürfnissen. – Kapital ist der kleine Unterschied zwischen ...

Gestalt-Psychologie

Einführung in die neue Psychologie vom Begründer der Gestaltpsychologie Kurt Koffka , Klaus-Dieter Sedlacek (Hrsg.) Kurt Koffka hat als forschender Psychologe für dieses Buch zur Einführung in die Psychologie einen besonderen …

Giganten der Physik

Giganten der Physik Die Top10-Physiker der Menschheitsgeschichte Autor: Sedlacek, Klaus-Dieter (Hrsg.) Den meisten Menschen sind Schöpfer von Kunst und Literatur vertraut, sie kennen unsere Staatslenker und Wirtschaftsführer, doch wer kennt die Giganten der ...

Homöopathie und Praxis

Naturheilkundliche alternative Medizin für den mündigen Patienten. Autor: Voorhoeve, Jacob. Der Zweck des Buches ist es, den Leser mit der homöopathischen Heilweise näher bekannt zu machen. Unter Wahrung des wissenschaftlichen Charakters gibt ...

Im dunkelsten Afrika

Die legendäre Emin-Pascha Expedition. Autor: Stanley, Henry M. Im Sudan, der ab 1821 unter die Herrschaft der osmanischen Vizekönige von Ägypten gekommen war, brach 1881 der Mahdiaufstand aus. Nach dem Abzug der ...

Ist echte Erkenntnis möglich?

Ist echte Erkenntnis möglich?: Einführung in die Erkenntnistheorie von Klaus-Dieter Sedlacek (Herausgeber), Erich Becher (Autor) Die Frage nach der Wahrheit und ihrer Sicherung liegt dem nach Erkenntnis strebenden Menschen besonders am Herzen, ...

Jenseits der Erscheinungen

Erkennbarkeit und Realität der Quantennatur. Autor: Schlick, Moritz. Es ist kein Zweifel, dass echte Erkenntnis der transzendenten Welt sehr wohl möglich ist. Die Wendung, zu der die Physik der letzten Jahre bzw. Jahrzehnte …

Kleines Wörterbuch der Natur-Philosophie

1200 Begriffe, die man kennen sollte, kurz und prägnant. Herausgeber: Sedlacek, Klaus-Dieter. „Ein neues Wörterbuch der Natur-Philosophie? Wozu soll das gut sein? Schließlich gibt es doch ein riesiges, umfangreiches Internetlexikon in aller ...

Klimaänderungen und Klimaschwankungen

Ursachen, historische Fakten und kosmische Einflüsse, sowie ein Anhang „Mittelalterliche Warmzeit“ Eduard Brückner, Julius Hann , Klaus-Dieter Sedlacek (Hrsg.) Größere Klimaänderung und Klimaschwankungen können nicht ohne einen tiefgehenden Einfluss auf das ...

Kultur erleben mit dem Wohnmobil in Frankreich

Vierzig kulturelle Highlights, Park- und Übernachtungsplätze sowie Navigations-Koordinaten Klaus-Dieter Sedlacek (Hrsg.) Dieser Wohnmobilführer ist anders. Er hilft uns, Kulturerlebnisse zu einem Genuss werden zu lassen. Er enthält die Beschreibung von vierzig kulturellen ...

Leben aus Quantenstaub

Leben aus Quantenstaub Elementare Information und reiner Zufall im Nichts als Bausteine einer 4-dimensionalen Quanten-Welt Autoren: Wrobel, Norbert; Sedlacek, Klaus-Dieter Obwohl bereits vor mehr als hundert Jahren die Quantenphysik Gestalt annahm, setzte sich ...

Leben in der Warmzeit der Erde

Aus den Urtagen vor dem heutigen Klimawandel Wilhelm Bölsche , Klaus-Dieter Sedlacek (Hrsg.) Der Weltklimarat schlägt Alarm. Die Lage spitzt sich zu: Die Erde erwärmt sich immer mehr. In diesem Buch geht ...

Leben nach dem Leben

Die Befreiung des Bewusstseins von den Fesseln der Zeit Klaus-Dieter Sedlacek Für uns Menschen hat die Frage nach dem zeitlichen Ende unserer Existenz eine hohe Bedeutung. Die Antwort, die der Glaube sucht, ...

Leonardo da Vinci

Seine naturwissenschaftlichen Studien und genialen Erfindungen Hermann Grothe , Klaus-Dieter Sedlacek (Hrsg.) Leonardo da Vinci versuchte, ein Phänomen zu verstehen, indem er es genau beobachtete und bis ins kleinste Detail beschrieb ...

Liebesbeziehungen und deren Störungen

Lebensführung nach den Grundsätzen der Individualpsychologie. Autor: Alfred Adler , Klaus-Dieter Sedlacek (Hrsg.). Um einen Menschen ganz kennenzulernen, ist es notwendig, ihn auch in seinen Liebesbeziehungen zu verstehen … Wir müssen ...

Massenpsychologie am Beispiel Jan Bockelsons

Geschichte eines Massenwahns mit einer Einführung von Sigmund Freud Friedrich Reck-Malleczewen , Klaus-Dieter Sedlacek (Hrsg.) Der Begriff Massenhysterie oder auch Massenwahn bezeichnet eine starke emotionale Erregung in großen Menschenmengen. Auch massenhaft ...

Mein Leben im Tropenparadies

Fünfundzwanzig Jahre in Ceylon – Erlebnisse und Abenteuer. Autor: Hagenbeck, John. Ein Mann des praktischen Lebens und ein Mann der Feder haben sich zusammengetan, um gemeinschaftlich in diesem Buch die Naturwunder und ...

Meine erste Weltumseglung

Tagebuch einer epochalen Expedition James Cook , Klaus-Dieter Sedlacek (Hrsg.) James Cook unternahm seine erste Weltumseglung im Rahmen einer wissenschaftlichen Expedition, um den Durchgang des Planeten Venus vor der Sonnenscheibe – ...

Mit der Beagle um die Welt

Bericht meiner Forschungsreise zum Galapagos-Archipel Charles Darwin , Klaus-Dieter Sedlacek (Hrsg.) Auszug aus Darwins Reisebericht: Ich habe die Reise mit zu tief empfundenem Entzücken gemacht, als dass ich nicht jedem Naturforscher empfehlen ...

Naturphilosophie

Das Wesen von Naturgesetzen und die Erklärung des Lebens. Neubearbeitung. Autor: Schlick, Moritz. Die Naturphilosophie verhält sich zur Naturwissenschaft wie die Philosophie im Allgemeinen zur Wissenschaft überhaupt. So ist es die Aufgabe ...

Optische Täuschungen

… und Illusionen, sowie ihre Ursachen. Autor: Reuss, August von . Optische Täuschungen bzw. Illusionen können nahezu alle Aspekte des Sehens betreffen. Es gibt Illusionen aller Art, Lichtblitze, Farbreize, Tiefenillusionen, geometrische Illusionen, ...

Peking – Paris im Automobil

Die legendäre 16.000 km – Rallye 1907. Autor: Barzini, Luigi. „Gibt es jemanden, der diesen Sommer eine Fahrt per Automobil von Peking nach Paris unternehmen wird?“, fragte die Pariser Zeitung Le Matin ...

Phänomen Naturgesetze

Phänomen Naturgesetze Das Geheimnis hinter den Erscheinungen der Welt Autor: Sedlacek, Klaus-Dieter Was uns an den beinahe mythischen Denkern der antiken Welt so fasziniert, ist die wundervolle, abgeschlossene Einheit ihres Weltbildes. Mit welcher …

Psychologische Verkaufskunst

Denk- und Handlungsweisen, Vorgangsweise und Abschluss. Autor: Atkinson, Wilhelm Walker. In der Psychologie der Verkaufskunst gibt es zwei wichtige Elemente, nämlich (1) Die Psyche des Verkäufers; und (2) die Psyche des Käufers. Das zu verkaufende ...

Quantenbewusstsein

Quantenbewusstsein Natürliche Grundlagen einer Theorie des evolutiven Quantenbewusstseins Autoren: Wrobel, Norbert; Sedlacek, Klaus-Dieter Seltsam sind die physikalischen Gesetze, die unsere Welt wirklich beherrschen: Es sind die Gesetze einer makroskopischen Quantenwelt, in der alles ...

Supervereinigung

Wie aus nichts alles entsteht. Ansatz einer großen einheitlichen Feldtheorie. – Neuausgabe -. Autor: Sedlacek, Klaus-Dieter. Unter Physikern herrscht allgemein Übereinstimmung darin, dass die fundamentale Wirklichkeit unserer Welt aus Feldern besteht. Bei …

The great god Pan / Der große Gott Pan – zweisprachig

Horror story English – German / Horror Geschichte Englisch – Deutsch. Autor: Machen, Arthur. The Great God Pan is a horror and fantasy novel by the Welsh writer Arthur Machen. Machen was ...

Treibhauseffekt und Klimawandel

Energiewende, ja bitte, aber nicht wegen CO2. Von Sedlacek, Klaus-Dieter (Hrsg.) Dieses Buch dokumentiert zum Thema Klimawandel und CO2 teils unbequeme wissenschaftliche Fakten bzw. Meldungen und die dazugehörigen Quellen. Sie sind eingeladen, …

Unsterbliches Bewusstsein

Raumzeit-Phänomene, Beweise und Visionen – Taschenbuchausgabe Klaus-Dieter Sedlacek In diesem Buch geht es weder um Glauben noch um Esoterik, sondern um Beweise. Glaubwürdige, wissenschaftliche Beweise, die in eine Form gepackt sind, dass …

Wege zur Physikalischen Erkenntnis

Meine wissenschaftliche Selbstbiographie, Reden und Vorträge Max Planck , Klaus-Dieter Sedlacek (Hrsg.) Diese erweiterte Neuauflage des Buchs „Wege zur physikalischen Erkenntnis“ enthält neben der wissenschaftlichen Selbstbiographie folgende Vorträge: Die Einheit des physikalischen …

Wie intelligent sind Pflanzen?

Sensationelle Einblicke in die geheime Seite des pflanzlichen Wesens Autoren: Wagner, Adolf; Sedlacek, Klaus-Dieter In diesem Buch behandeln die Autoren Fragen zum Thema Intelligenz und Bewusstsein bei Pflanzen und geben Antworten. Der …

Wie man seinen Verstand benutzt

Und seine Willenskraft stärkt. Ein praktisches Handbuch der Psychologie. Autor: Atkinson, Wilhelm Walker. Der Mechanismus der psychischen Zustände – die geistige Maschinerie, mit deren Hilfe wir fühlen, denken und wollen – ...

Zeichnen für Einsteiger

Achtzehn Lektionen in naturalistischem Zeichnen. Autor: Furniss, Dorothy. Magst du die Malerei? Ist Zeichnen für dich interessant? Hast du einen Bleistift, eine Schachtel Kreide oder einen Malkasten? Denn wenn du auch nur ...

www.bod.de/buchshop